Geheime Traditionen im Judentum

Klaus S. Davidowicz

Kabbala.

Geheime Traditionen im Judentum

Herausgegeben vom Österreichischen Jüdischen Museum

Österreichisches Jüdisches Museum

A-7001 Eisenstadt, Unterbergerstraße 6, POB 67

Druck: Adolf Holzhausens Nfg. Ges.m.b.H.,
Kandlgasse 19–21, 1070 Wien

ISBN 3-900907-06-4

Inhalt

Vorwort

Das 1972 gegründete „Österreichische Jüdische Museum in Eisenstadt" ist bekannt für seine qualitativ wertvollen und informativen Ausstellungen zu wesentlichen Bereichen der jüdischen Kultur quer durch die Jahrhunderte und quer durch die Länder. Die Tatsache, daß sich in diesem Museum, dem berühmten Wertheimerhaus, die einzig erhaltene Privatsynagoge befindet, die der Zerstörungswut der Nationalsozialisten entging, verpflichtet dieses Museum, die jüdische Religion und Tradition als Schwerpunkt darzustellen. Diesem Ziel dient auch das brisante Thema der Kabbala in seinen verschiedensten Erscheinungsformen, von Voraussetzungen schon in der Spätantike bis zu Ausformungen, die noch heute bestehen wie z. B. der Chassidismus.

Das vorliegende Buch geht der wechselvollen und spannungsgeladenen Geschichte der Kabbala nach. Verstand sie sich selbst als mystischer Weg zum Wesen der Gottheit, so wurde sie von ihren Gegnern als Irrweg und Phantasterei verunglimpft. Eine wissenschaftliche Darstellung muß aber dem Selbstverständnis kabbalistischer Strömungen nachgehen, ohne sich von rationalistischen – die Kabbalisten würden sagen pseudo-rationalistischen – Überlegungen leiten zu lassen. Dem Verfasser, Klaus S. Davidowicz, gelang diese Gratwanderung. Seit Scholems „Ehrenrettung der Kabbala" gegenüber ihrer Verunglimpfungen in der „Wissenschaft des Judentums" im 19. Jh. entstand eine beeindruckende Fülle relevanter Spezialliteratur. Es ist das Verdienst des Verfassers, diese eigenständig verwertet zu haben. Somit kann das Buch einerseits – wie es vorliegt – seinen Informationszweck erfüllen als auch durch die Literaturangaben zu weiteren Eindringen in die Thematik anregen.

Emer. Univ. Prof. Dr. Dr.h.c. Kurt Schubert

1. Was ist Kabbala?

Was war der Motor, der das Judentum seit mehr als zweitausend Jahren trotz Unterdrückung, Verfolgung, Stigmatisierung und Ausrottung am Leben erhalten hat? Wie konnte sich ein Volk, seit 587 vor der Zeitrechnung ohne einen Staat, nur mit einer religiösen Grundlage stets unter fremder Herrschaft erhalten? Die Suche nach dem verborgenen Antrieb des Judentums zieht sich durch die gesamte jüdische Geistesgeschichte. Sehr oft wird dabei die sogenannte Zentrumstheorie angewendet. Dabei geht man davon aus, welche jüdischen Zentren die Diaspora besonders beeinflußt oder besondere Werke hervorgebracht haben, so wie im Mittelalter Spanien, in der Renaissance Italien und Polen, später dann Deutschland und heute Amerika und Israel. Eine andere Methode ist es, Personen und ihre Werke in das Blickfeld zu stellen. Das wird dann oft zu einer Galerie der Persönlichkeiten, von Maimonides über Mendelssohn und Rosenzweig zu Levinas und Leibowitz. Aber meist wird dabei die tatsächlich zentrale Frage vernachlässigt: Was war der Antrieb für die jeweiligen Werke, wo liegen die Hintergründe? Es ist einfach zu sagen, im 18. Jahrhundert begann sich in Deutschland ein jüdisches Zentrum zu bilden und Moses Mendelssohn war die bedeutendste Persönlichkeit. Aber wie kam es dazu? Am Titusbogen in Rom wird in einem Relief der Untergang von Judäa dargestellt, die Verschleppung der Sklaven, man sieht die Tempelmenora und die Posaunen. Aber „Judäa“ ging nicht unter, es entstand die Diaspora, eine bunte, oft tragische, aber auch geniale und faszinierende Geschichte eines Volkes ohne Land. Wie nähert man sich dieser Geschichte der Genien und Narren? Bestimmt nicht durch eine langweilige Abfolge von Daten und Chronologien wie in einem faden Geschichtsunterricht in der Schule: Wann war der dritte Punische Krieg, wann regierte wer und wie lange etc. Stellt man sich fortwährend im Laufe der wechselvollen jüdischen Geschichte die Frage nach den Ursachen und Hintergründen, schälen sich eine Reihe von Elementen heraus, die immer wieder ans Licht kommen und eine kleine jüdische Ideengeschichte bilden: Tradition, Akkulturation, Assimilation, Aufklärung, Reform, Tradition, Zionismus, Kabbala – Elemente, die entscheidend für die jüdische Geschichte waren und sind. Es gibt kein

„Wesen des Judentums", das Judentum ist kein starrer monolithischer Bau, sondern eine Vielfalt von Strömungen, die miteinander dialektisch das Judentum bilden. Viele stellten in Zweifel, daß die Halacha, die Lehre von den Geboten und Verboten, allein das Judentum so lange am Leben erhalten hat. So wurde von einigen jüdischen Denkern wie Martin Buber oder Gershom Scholem vermutet, daß das Judentum durch die geheimen mystischen Lehren (hebr. Torat ha-sod) der Kabbala seine geistige Kraft bezogen hat. Was ist nun die geheimnisumwitterte Kabbala? Kabbala bedeutet soviel wie Tradition oder Überlieferung, und die Kabbalisten bezeichneten sich selbst als Empfänger einer geheimen Lehre. Die meisten traditionellen jüdischen Kabbalisten verneinen die Existenz einer historischen Entwicklung der Kabbala und daß sie erst mittelalterlichen Ursprungs sei. Diese glauben, sie sei bereits ein paradiesisches Wissen, das Adam offenbart wurde, und ein geheimer Teil der mündlichen Lehre, die Moses am Sinai erhalten hatte. Als Bezeichnung für die jüdische Mystik wurde der Terminus Kabbala erst um 1200 verwandt und ist beim provençalischen Mystiker Isaak dem Blinden (1160–1235) nachweisbar. Wobei man sagen muß, daß Kabbala nur einer von vielen Namen ist, mit denen die mystische Bewegung, ihr Lehrinhalt oder ihre Träger im Lauf von 1600 Jahren bezeichnet worden sind.
Ursprünglich wurde der Begriff Kabbala für jede Art von Überlieferung gebraucht, die nicht zum Pentateuch gehört, wie die rabbinische mündliche Lehre oder die Prophetenschriften. Die „Geheimlehre" der Kabbala hat sich im Laufe von mehreren Jahrhunderten in vielfältige Richtungen und Schulen entwickelt und eine Vielzahl von Schriften hervorgebracht, die manchmal aufeinander aufbauen oder völlig unabhängig entstanden sind. Teilweise wurden uralte Lehren darin verwoben, so daß die tatsächliche Redaktion, Entstehung oder Aufschlüsselung mancher Texte unendlich schwierig ist. Dazu kommt, daß viele Kabbalisten ihre Texte anonym herausbrachten und zuweilen sagten, sie hätten einen uralten Text erhalten, oder ein himmlischer Prediger oder der Prophet Elia hätte den Text diktiert. Die jüdische Mystik ist ein Arm der jüdischen Tradition, der sich im Herzen der rabbinischen Gelehrsamkeit entwickelt hat. Die Kabbalisten waren meist höchst gelehrte Menschen, oft berühmte Rabbiner. Die kabbalistischen Schulen versuchten einen neuen Weg zu Gott zu finden, ihn zu einer lebendigen, greifbaren Erfahrung werden zu lassen und gingen dabei von den spezifischen Werten der jüdischen Re-

ligion, wie Schöpfung, Offenbarung und Erlösung, aus. Sie stießen allerdings bei ihrer oft mythischen Neuinterpretation, trotz der Bemühungen in dem Rahmen der normativen Religion zu bleiben, an ihre Grenzen und schufen den Boden für die messianischen Bewegungen der Neuzeit. Man unterscheidet zwischen theoretischer, meditativer Kabbala (hebr. Kabbala Ijjunit) und praktischer Kabbala (hebr. Kabbala Ma'asit). Eine Verbindung von beiden Teilen der Kabbala in geheimen Zirkeln hat es immer gegeben, was auch seinen Niederschlag in der jüdischen Folklore gefunden hat, wie viele chassidische Geschichten, aber auch die Golem-Sagen um den Prager Rabbi Löw zeigen.

Der Bogen der kabbalistischen Schulen und ihrer Werke umfaßt fast 2000 Jahre jüdischer Geistesgeschichte, wobei die wissenschaftliche Erforschung der Kabbala eine relativ junge Disziplin ist.

> „Alles was ich fand, waren verstreute, schäbige Seiten und ich verwandelte sie in Geschichte.“[1]

Als Gershom Scholem diese Worte bei der Entgegennahme des Rothschild-Preises 1963 sprach, konnte er bereits auf über 40 Jahre erfolgreiche Erforschung des Gebietes zurückblicken, wofür sein Name mittlerweile fast so etwas wie ein Synonym geworden ist: die Erforschung der Kabbala. Er wurde 1897 in Berlin als Sohn jüdischer Eltern geboren, die ein Musterbeispiel des deutsch-assimilierten Judentums waren und die jüdische Tradition nur bruchstückhaft und karikiert zu finden war. Der Vater Arthur, ein Druckereibesitzer, feierte mit der Familie Weihnachten als „deutsches Volksfest“, arbeitete am Jom Kippur. An Pesach lagen die „Mazzot“ und die Semmeln friedlich nebeneinander. Scholem begann als sehr junger Mann gegen diesen „Zerfaserungsprozeß“, wie er ihn nannte, heftig zu opponieren und einen anderen Weg einzuschlagen, der ihn über die Findung seiner eigenen Identität zur forschenden Tätigkeit gelangen ließ.[2] Er lernte Hebräisch, die eine unbekannte Sprache in seinem Elternhaus war, übte sich im Talmud-Studium und

1 Joseph Dan, Gershom Scholem and the Mystical Dimension of Jewish History, New York 1988, (in der Bibliographie 1987) S.2–3.
2 Siehe: Gershom Scholem, Von Berlin nach Jerusalem, Jugenderinnerungen, Frankfurt a. M. 1994.

machte sich radikale zionistische Anschauungen zu eigen. Er warf den Vertretern der „Wissenschaft des Judentums“ aus dem 19. Jahrhundert vor, die großen Gebiete der jüdischen Mystik vernachlässigt bzw. dagegen polemisiert zu haben. Scholem glaubte, daß eine freie Neuorientierung des Judentums nur in Palästina gegeben sei, wo sich die jüdische Historiographie frei von apologetischen und emanzipatorischen Gesichtspunkten entfalten könnte. So verwundert es nicht, daß er, der ursprünglich Mathematik und Philosophie studiert hatte, bereits 1923 nach Palästina auswanderte. Er wurde später an der neu gegründeten „Hebräischen Universität“ in Jerusalem, wo er bis zu seinem Tod 1982 als Professor tätig war, zum Begründer der wissenschaftlichen Erforschung der jüdischen Mystik. Er übernahm dabei das Handwerkszeug der von ihm so stark angegriffenen „Wissenschaft des Judentums“, die historisch-kritische Philologie. Er ist daher nicht als ihr Antagonist, sondern als ihr Vollender zu sehen. Er erhob die irrationalen, seltsam anmutenden Elemente der jüdischen Geistesgeschichte zum Studienobjekt. Die großen Gelehrten der „Wissenschaft des Judentums“, wie Heinrich Graetz oder Leopold Zunz, hatten sie ausgeklammert oder attackiert. Scholem wollte zeigen, daß man mit genauer philologischer Arbeit sich auch einem irrationalen Gebiet nähern konnte, ohne in romantische Schwärmerei zu geraten. Dies hatte er Martin Buber lebenslang zum Vorwurf gemacht.[3] Scholems Arbeiten wurden von der Bayerischen Akademie der Schönen Künste als „wissenschaftliche Prosa“ bezeichnet und 1974 mit dem Literaturpreis ausgezeichnet. In seinem Credo blickte Scholem auf seine Anfänge zurück:

> „Meine wissenschaftliche Lebensarbeit war der Aufdeckung einer verschlossenen Dimension der jüdischen Geschichte und Geistigkeit gewidmet, die dem Bewußtsein großer Kreise des jüdischen Volkes weitgehend entschwunden war. (...) Als ich mich (...) an dieses Unternehmen machte (...), bedurfte es einen starken Mutes, ja Tollkühnheit, einen solchen Weg einzuschlagen (...). In meiner Jugend (...) fühlte ich mich von einer Tradition tief angezogen, deren archaischer Charakter mir evident war und in der ich dennoch den Pulsschlag

3 Siehe: Klaus S. Davidowicz, Gershom Scholem und Martin Buber – Die Geschichte eines Mißverständnisses, Neukirchen-Vluyn 1995.

> einer Fähigkeit zur lebendigen Verwandlung spürte, den ich in meiner Arbeit vernehmbar zu machen unternommen habe. Die dialektische, ja vielleicht paradoxe Verbindung von konservativem Beharren, von Restauration und Utopie zu einem bedeutenden Ganzen, die ich im Judentum zu erkennen glaubte und als deren historisches Medium ich mit größerer Deutlichkeit die Mystik sah, hat der Vision, die hinter meiner Arbeit stand, ihren Charakter gegeben."[4]

Scholem beabsichtigte ursprünglich eine Metaphysik der Kabbala zu schreiben und schrieb letztendlich die Geschichte der jüdischen Mystik. In einem programmatischen Brief an Salman Schocken von 1937 beschrieb er die „wahren Absichten seines Kabbalastudiums".
Angeregt durch Molitor sähe er in der Kabbala den geheimen Antrieb des Judentums. Um die metaphysischen Wahrheiten der Kabbala zu erforschen, bedarf es nicht des Philosophen, sondern des Historikers und Philologen.

> „So kam ich mit der Absicht, nicht die Historik, sondern die Metaphysik der Kabbala zu schreiben. Ich stand unter dem Eindruck der Armseligkeit dessen, was man gern Philosophie des Judentums nennt. An den drei einzigen Autoren, die ich kannte, an Saadja, Maimonides und Hermann Cohen empörte mich, wie sie ihre Hauptaufgabe darin fanden, Antithesen gegen den Mythos und den Pantheismus aufzustellen, sie zu widerlegen, während es sich doch hätte darum handeln müssen, sie zu einer höheren Ordnung aufzuheben. (...) Freilich, der Schlüssel zu dessen Verständnis schien verloren zu sein (...). Und doch, zu erstaunlich blitzte hier, in den ersten Büchern der Kabbalisten, die ich mit glühendem Unverständnis las, ein Denken auf, das offenbar – berlinisch gesprochen – noch nicht nach Hause gefunden hatte."[5]

Scholem entwickelte ein pluralistisches Bild der jüdischen Geschichte, in dem er – im Gegensatz zur dogmatischen Auffassung eines bestimmten „Wesens" des Judentums – jeder Strömung, gleich ob sie irrational oder rational war, Gleichrangigkeit

4 Gershom Scholem, Mein Weg zur Kabbala, in: Süddeutsche Zeitung, Beilage vom 20. / 21.7.1974.
5 Gershom Scholem, Briefe, Band I 1914–1947, München 1994, S.471.

einräumte. Er rekonstruierte anhand zahlreicher Quellen ein Bild der „Hauptströmungen der jüdischen Mystik“, wobei er einen irrationalen Gegenstand, eine Welt der Symbole, mit den Methoden des kritischen Historikers zu fassen suchte und etwas eigentlich „Unaussprechbares“ aussprechbar zu machen hoffte, ohne das Objekt seiner Betrachtung zu verlieren. Er hoffte, mit seinen historisch-philologischen Methoden „die Nebelwand der Historie zu durchstoßen“, um zu metaphysischen Wahrheiten über das Rätsel der jüdischen Geschichte, des jüdischen Daseins zu gelangen, eine neue jüdische Geschichte zu schreiben. Er schrieb sie nicht, sondern entwarf ein Bild der Geschichte der Kabbala und wies auf ihre bedeutende Stellung innerhalb der jüdischen Geschichte hin.

Hervorgerufen durch die negative Haltung der „Wissenschaft des Judentums“ gegen die irrationalen Elemente in der jüdischen Geschichte, wie die kabbalistischen Schriften und Bewegungen wie den Chassidismus in Osteuropa, gerät man leicht in Versuchung zu glauben, daß sich vor Scholem kein jüdischer Wissenschaftler mit der Kabbala beschäftigt habe. Gewiß, man kann mit Recht sagen, daß Scholem die wissenschaftliche Erforschung der jüdischen Mystik sozusagen „ex nihilo“ ins Leben rief. Denn selbst jene Wissenschaftler, die diesem Gebiet der jüdischen Studien vorurteilsloser gegenüber standen, agierten meist auf einer dünnen philologischen Basis. Doch ohne Scholems wahrhaft einmalige Pionierleistung zu schmälern, sollten dennoch einige Wissenschaftler, die sich vereinzelt mit Problemen der Kabbala beschäftigt haben, und ihre Leistungen, aus welchem Beweggrund auch immer sie sich in die Welt der Kabbala begaben, kurz genannt werden.

Die erste Beschäftigung mit kabbalistischen Texten führt ins Florenz der Renaissance, wo christliche Denker wie Johannes Reuchlin (1455–1522) die Kabbala als vergessene Urtradition der Menschheit verstanden. Viele kabbalistische Texte seien vor den Anfängen des Christentums entstanden und beinhalten geheime Weissagungen über das kommende Christentum. Eine tiefere Kabbalaerforschung nach Reuchlin wird erst durch drei christliche Gelehrte, Guillaume Postel (1510–1581), Christian Knorr von Rosenroth (1636–1689) und Franz Joseph Molitor (1779–1860), betrieben. Postel, der sehr viel in jüdischen Kreisen verkehrte, übersetzte den Zohar und das Buch Jezira, noch bevor diese in der Ursprache erstmalig gedruckt worden sind, ins Lateinische und versah die Übersetzungen mit eigenen theosophischen Kommentaren. Das größte und bedeutendste Quellenwerk der

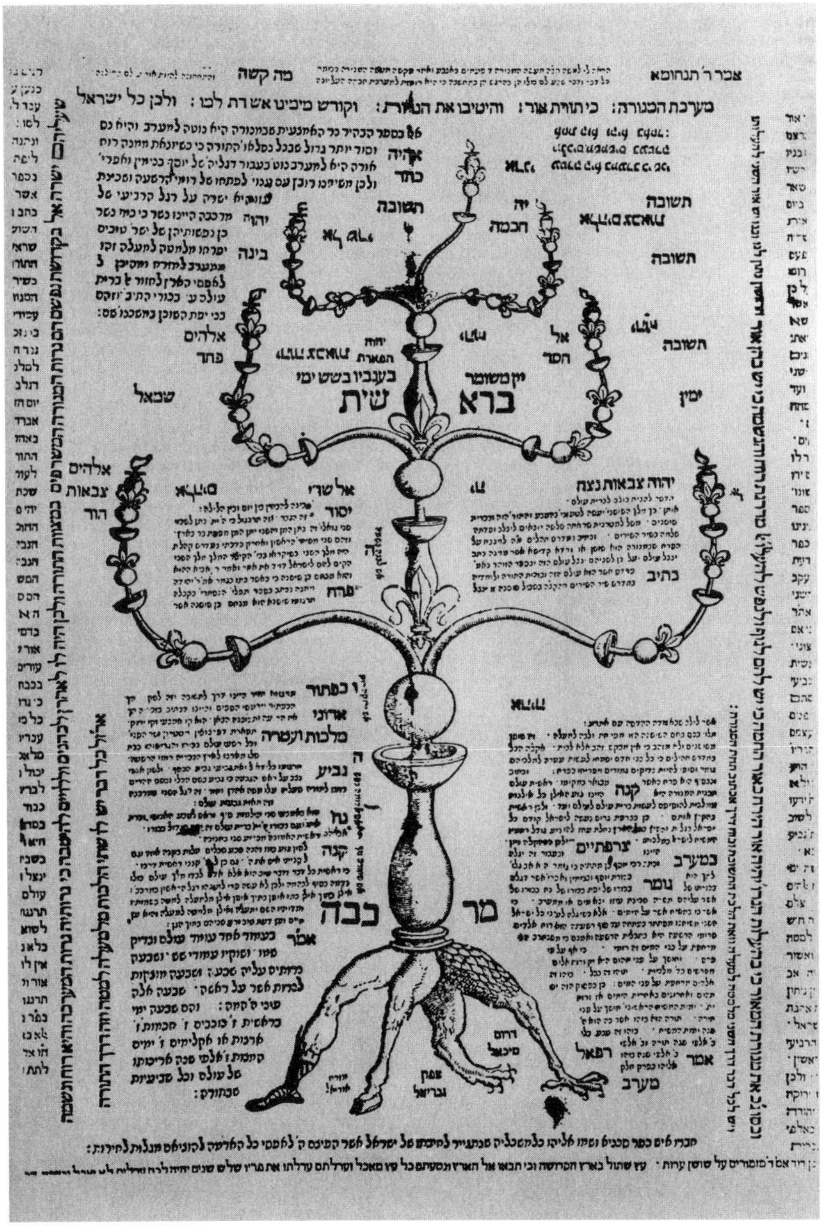

Menora, enthält die zehn Sefirot, *aus Or Nerot ha-Menora* von Guillaume Postel, Venedig 1548, Mailand, Bibliothecana Ambrosiana

Kabbala in diesen Jahrhunderten wurde von Christian Knorr von Rosenroth in Latein zusammengestellt: die *„Kabbala Denudata"*.[6] Knorr war mehrere Jahre durch Europa gereist und hatte, wie Postel, bei jüdischen Gelehrten gelernt, wie bei Rabbi Meir Stern in Amsterdam. So las er nicht nur Schriften der spanischen Kabbala, sondern auch handschriftliche Kopien aus dem Umkreis des kabbalistischen Zentrums um Isaak Luria (1534–1572) in Safed. Knorrs dreibändiges Werk enthält u.a. Übersetzungen von Zoharstellen, Joseph Gikatillas *„Pforten des Lichts"* (hebr. Scha'are 'ora), Moses Cordoveros (1522–1570) *„Granatapfelgarten"* (hebr. Pardes Rimmonim) und einige Schriften der lurianischen Kabbala aus Safed. Ausgiebige Kommentare und ein Glossar zu kabbalistischen Symbolen im Zohar ergänzen Knorrs Kabbala Denudata. In einer Zeit, in der die Kabbala von jüdischen Forschern meist nur mit Polemik bedacht wurde, war Franz Joseph Molitor einer der wenigen Gelehrten des 19. Jahrhunderts, die eine tiefe Sympathie für die kabbalistischen Lehren hatten. Molitor war ein Schüler Friedrich Wilhelm Schellings (1775–1854) und Franz von Baaders (1765–1841), der wiederum von Böhme, Schelling und der Kabbala beeinflußt worden war. Molitor hatte beabsichtigt, ein monumentales Werk über die Kabbala zu schreiben. Es blieb unvollendet. Seine in den Jahren 1827–1857 veröffentlichte *„Philosophie der Geschichte oder über die Tradition in dem alten Bunde und ihre Beziehung zur Kirche des neuen Bundes. Mit vorzüglicher Rücksicht auf die Kabbalah"* bildet nur die große vierbändige Einleitung zu einer geplanten Kabbalauntersuchung. Molitor glaubte, daß die Kabbala die innere Seele des Judentums, ihr lebendiges Prinzip sei. In früheren Zeiten wäre die Kabbala im normativen Judentum integriert gewesen. Erst durch die Fixierung der religiösen Gesetze von Moses Maimonides (1138–1204) und Josef Karo (1488–1575) in ihren Codices sei die Mystik ausgeschlossen worden, und das Judentum hätte seine innere lebendige Kraft verloren. Molitor nennt dies den „Verfall des Ganzen". Die Kabbala sei die verlorene Urtradition der Menschen, die Adam im Paradies empfangen hätte, und somit das lebendige Prinzip von Juden und Christen.[7] Er schließt sich hier der christlichen Kabbaladeutung im Sinne

6 Christian Knorr von Rosenroth, Kabbala Denudata: die unverhüllte Kabbala, oder, die transzendenten, metaphysischen und theologischen Lehren der Juden, drei Bände, Sulzbach 1677, 1678, 1684.

7 Franz Joseph Molitor, Philosophie der Geschichte, Band 1, Münster 1834, S.10.

eines Reuchlin an. Sein Werk hinterließ später tiefe Spuren in dem Gemüt des jungen Kabbalaforschers Gershom Scholem, da er Gründe angab, warum das Judentum sich in einem „Prozeß fortschreitender geistiger Zerfaserung“ befand: Es hatte heute, nach formaler Emanzipation und zunehmender Assimilation, seine innere Antriebskraft verloren, und nur durch das Entdecken der vergessenen Tradition könnte es zu neuem Leben erweckt werden. Erst im 18. Jahrhundert finden wir wissenschaftliche Auseinandersetzungen von jüdischer Seite mit der Kabbala. Der Rabbiner Jakob Emden (1697–1776) war ein leidenschaftlicher Kämpfer gegen Anhänger des falschen Messias Sabbatai Zwi. Emden verfaßte eine philologische Analyse des Zohar, um zu zeigen, daß dieses Buch nicht, wie behauptet wurde, aus der Zeit des Simeon bar Johai stamme, da es mittelalterliches Material enthalte.[8] War der Hintergrund Emdens wohl kaum das Interesse für die kabbalistischen Schriften, sondern die Bemühung, im Verlauf seines antisabbatianischen Kampfes, den Zohar als Fälschung darzustellen, so bleibt seine Schrift doch von bleibendem Wert für die Kabbalaforschung. Einer der ersten Gelehrten der „Wissenschaft des Judentums“ war Nachman Krochmal in Galizien (1785–1840), der hebräisch schrieb und ein Anhänger der Haskala war, der jüdischen Aufklärung in Osteuropa. Er stand unter dem Einfluß der idealistischen Schule Schellings und Hegels (1770–1831). Für ihn war der deutsche Idealismus das logische Erbe der mittelalterlichen jüdischen Philosophen wie Maimonides und Ibn Esra (1092–1167). Leider hat er im Laufe seines Lebens nur zwei Niederschriften seiner Ideen verfaßt. Sein hebräisch geschriebener *„Führer der Verwirrten in dieser Zeit“*[9] ist eine Schriftensammlung theologisch-philosophischer Abhandlungen über jüdische Geschichte. Er versucht in seiner Deutung, alle jüdischen Strömungen als gleichwertig anzuerkennen. Krochmal übernahm dabei das Hegelsche Geschichtsbild der Völker: Jedes Volk habe seine Epoche, aber wenn es seine Rolle im weltgeschichtlichen Prozeß erfüllt hat, verschwindet es wieder. Krochmal sagt, dies treffe auf alle bis auf das jüdische Volk zu, es lebe ewig durch seine Beziehung zum „absoluten Geist“ – der Hegelsche Terminus für Gott. Krochmal hatte eine äußerst positive Einstellung zur Kabbala. Er sah in ihr, genauso wie im Idealismus und in der Phi-

8 Enthalten in Emdens Mitpachot Sefarim, Lemberg 1870, reprint Jerusalem 1970.
9 Nachman Krochmal, More Nebuche ha-Seman, hrsg. von S. Rawidowicz, Berlin 1924.

losophie des Maimonides, eine „Wissenschaft des Glaubens". Er wendet den zyklischen Begriff von Reife, Blüte und Niedergang auf die Kabbala an: Die Kabbala, begonnen im zweiten Jahrhundert, hätte im dreizehnten Jahrhundert ihre Blüte und mit dem Sabbatianismus ihre Degeneration erlebt. Eine andere wichtige Schrift zur Kabbala wurde von Adolphe Franck[10] (1809–1893) verfaßt, in dem er die Mystik als Herz und Seele des Judentums bezeichnet. Diese These Francks ähnelt Scholems These von der Kabbala als „vitaler Kraft" im Zentrum des Judentums. Allerdings entbehren viele andere Ideen einer sicheren Grundlage, wie seine Theorie über die Ursprünge der Kabbala. Salomon Munk, ein gelehrter Kenner der jüdischen und arabischen Philosophie, beschäftigte sich in seinem Werk mit den Beziehungen zwischen Kabbala, Gnosis und Neoplatonismus und dem Einfluß Salomos Ibn Gabirols (ca.1021/22 – ca.1053/58) auf die Kabbala.[11] David Heimann Joel (1815–1882) versuchte den Zohar mit der jüdischen Philosophie in nähere Beziehung zu bringen.[12] Ein anderer bedeutender Kabbalaforscher des 19. Jahrhunderts war der Wiener Rabbiner Adolph Jellinek (1820–1893), wovon seine Veröffentlichungen kabbalistischer Handschriften in seinem mehrbändigen Werk *„Bet ha-Midrasch"*, eine Sammlung nachtalmudischer haggadischer Schriften, und seine verschiedenen Einzelarbeiten[13] ein sehr anschauliches Zeugnis ablegen. Die genannten Gelehrten zeigen, daß durchaus schon früh Versuche unternommen wurden, die Kabbala als ein Teil des Judentums zu sehen, das verdient, zum Objekt wissenschaftlicher Betrachtungen zu werden. Bei vielen anderen Vertretern der „Wissenschaft des Judentums" herrschte dagegen das Bild einer apologetischen Verwertbarkeit vor, wobei alle irrationalen Gebiete des Judentums dieser Zensur zum Opfer fielen. Beispielhaft für diese tendenziöse Haltung war die Stellung zur Kabbala von zwei der größten jüdischen Gelehrten, Heinrich Graetz (1817–1891) und Moritz Steinschneider (1816–1907). Graetz hatte mit seinem

10 Adolphe Franck, La Kabbale ou la philosophie religieuse des Hebreux, Paris 1843, dt: Die Kabbala oder die Religionsphilosophie der Hebräer, Leipzig 1844, reprint Berlin 1990.

11 Salomon Munk, Mélanges de philosophie juive et arabe, Paris 1853.

12 David Heimann Joel, Die Religionsphilosophie des Sohar und ihr Verhältnis zur allgemeinen jüdischen Theologie, Leipzig 1849 (reprint Hildesheim 1977).

13 Sie sind gesammelt in: Adolph Jellinek, Kleine Schriften zur Geschichte der Kabbala, Leipzig 1852–54 (reprint Hildesheim 1988).

elfbändigen Werk eine Darstellung der Geschichte der Juden geschaffen, wobei er lückenhaft blieb. So mißfiel seinem Rationalismus jeder Keim von Mystik. Die Kabbala war nach Graetz „eine willkürliche Spielerei", ein „Zerrbild, welches die jüdischen und die philosophischen Ideen in gleicher Weise verunstaltet"[14]. Für Graetz bildete die Mystik nur eine Nebenerscheinung der Philosophie, eine dunkle Gegenbewegung ohne eigene Geschichte. Eine der eigentümlichsten Erscheinungen der jüdischen Gelehrtenwelt des 19. Jahrhunderts war Steinschneider. Er war der Begründer der modernen jüdischen Bibliographie. Er arbeitete an einem Punkt, der wohl für ihn das Ende der jüdischen Geschichte bedeutete.

> „[Gotthold Weil] schwärmte (...) vor dem uralten Herrn von den Ideen der jüdischen Renaissance und des neuen Aufbaus eines Judentums als einer lebendigen Sache. Aber der alte Steinschneider hielt das für Unsinn. Er sagte, indem er mit einer unnachahmlichen Geste auf seine Bibliothek wies: *Wir haben nur noch die Aufgabe, den Überresten des Judentums ein ehrenvolles Begräbnis zu bereiten.*" [15]

Steinschneider sammelte und ordnete eine große Menge kabbalistischer Schriften. Da seine Forschung asketisch, ohne Leidenschaft war, klammerte er die Kabbala nicht aus, hatte aber für deren Inhalte kein Verständnis.

> „Steinschneider, dem wir viele bibliographische Einzelstudien über kabbalistische Handschriften verdanken, hat gelegentlich den Stoßseufzer artikuliert, er hoffe, daß die von ihm besprochenen umfangreichen Schriften eines der berühmtesten mittelalterlichen jüdischen Mystiker Deutschlands, des Eleasar aus Worms, nie das Tageslicht des Druckes erblicken möchten."[16]

Gershom Scholems Kabbalaerforschung führte zu einer entscheidenden Wende in der Beschäftigung mit der jüdischen Mystik. Anhand von gedruckten und handschriftlichen Quellen entwarf Scholem die ersten Darstellungen über die Ge-

---

14 Heinrich Graetz, Geschichte der Juden, Leipzig 1866, Band 7, S.65, S.70 (reprint Berlin 1998).
15 Gershom Scholem, Wissenschaft vom Judentum einst und jetzt, in: Judaica 1, S.152–153.
16 Gershom Scholem, Die Erforschung der Kabbala von Reuchlin bis zur Gegenwart, in: Judaica 3, S.260.

schichte und Hauptströmungen der Kabbala. Dadurch wurde eine Grundlage geschaffen, auf der zunächst seine Schüler wie Isaiah Tishby oder Rivka Schatz-Uffenheimer aufgebaut haben. Die heutige Kabbalaforschung, wie sie von Joseph Dan, Yehuda Liebes, Peter Schäfer oder Moshe Idel betrieben wird, wäre ohne Scholems Werk nicht denkbar.

2. Das „Buch der Schöpfung“

Man spricht erst von kabbalistischem Denken zu dem Zeitpunkt, als im Mittelalter durch neuplatonische Einflüsse Gedankengebäude entstehen, in dessen Zentrum Emanationslehren stehen. Die früheren Ströme der jüdischen Mystik sind frei von diesen Elementen. Kabbala ist stets jüdische Mystik, aber jüdische Mystik ist eben nicht immer Kabbala. Das Ziel jeglicher mystischer Meditation sind die Geheimnisse des verborgenen göttlichen Lebens. Dabei erforscht der Mystiker die Beziehungen zwischen dem göttlichen Leben und der Welt des Menschen und der Schöpfung. Hierbei waren zunächst die Methoden zur Erlangung dieser mystischen Erfahrung nur für wenige Eingeweihte bestimmt. Betrachten wir zunächst die Vorläufer der mittelalterlichen Kabbala. Die ältesten Gegenstände der jüdischen mystischen Spekulationen beziehen sich auf zwei Abschnitte in der Bibel: der Schöpfungsgeschichte (hebr. Ma'ase Bereschit) aus Genesis 1 und der Vision des göttlichen Thronwagens (hebr. Ma'ase Merkawa) aus Ezechiel 1.[17] Das Wort Merkawa kommt allerdings im Buch Ezechiel gar nicht vor. Der Text beschreibt nur die *Ofanaim* (Räder) des Thronwagens. Unmittelbar daneben stehen vier *Chayot ha-kodesch* (heilige Tiere) in Gestalt des Menschen, Stieres, Löwen und Adlers. Diese engelartigen Wesen sind die Träger oder Diener des Thrones. Im Mischnatraktat Chagiga wird die Ezechielvision Ma'ase Merkawa genannt. Diese Textstelle enthält bestimmte Einschränkungen und Ermahnungen für denjenigen, der den gefahrvollen Weg zu den göttlichen Thronhallen auf sich nehmen möchte. Sie warnt ausdrücklich vor dem öffentlichen Vortrag des Schöpfungsberichtes und der Thronwagenvision, damit diese Lehren esoterisch bleiben.

> „Man lehrt Inzestgesetze nicht vor dreien, das Schöpfungswerk nicht vor zweien und das Thronwagenwerk nicht einmal vor einem einzigen, es sei denn,

17 In Ez 10 wird die Theophanie wiederholt und Ez 43,1–4 spielt darauf an. Der Thron selbst wird in Ez 1,26, 10,1 und 43,7 mit dem Wort *Kisse* (Sitz, Thron) bezeichnet. In 1 Chr 28,18 wird Merkawa auf den göttlichen Thronwagen des Tempels angewendet. Sir 49,8 verwendet erstmals den Ausdruck Merkawa in der Beschreibung der Ezechielvision.

> dieser ist schon ein Gelehrter, der aus eigener Einsicht versteht. Jeder, der vier Dinge erwägt – was oben, was unten, was vorne und was hinten ist, für den wäre es besser, er wäre nicht auf die Welt gekommen.“[18]

Als die „Väter“ der jüdischen Mystik gelten die Weisen R. Jochanan ben Zakkai, R. Aqiba ben Josef und R. Jischmael ben Elischa, drei Meister des rabbinischen Judentums, die im ersten Jahrhundert und in der ersten des zweiten Jahrhunderts gelebt hatten. Sie standen alle im Zentrum des normativen Judentums. Die Mystik galt ihnen als ein sehr schwieriger und gefährlicher Teil der Tradition, der nicht von jedem gemeistert werden kann, so daß es bestimmte Voraussetzungen für den Adepten gab, wovon die Aufnahmebedingungen in den rabbinischen Quellen zeugen. Die Gefahren der Spekulationen über die Merkawa zeigt folgende Talmudpassage:

> „Vier traten in das Paradies, nämlich (Simeon) Ben Azzai, (Simeon) Ben Zoma, Acher (Elischa ben Abuja) und Rabbi Aqiba. (...) Ben Azzai schaute und starb. (...) Ben Zoma schaute und wurde geschlagen. (...) Acher hieb die Schößlinge nieder. Rabbi Aqiba kam heil hinunter.“[19]

Über den Erfolg des Rabbi Aqiba heißt es im weiteren Verlauf:

> „Auch R. Aqiba wollten die Dienstengel zurückstoßen. Doch der Heilige, gepriesen sei er, sagte ihnen: Laßt diesen Alten, denn er ist würdig, sich meiner Herrlichkeit zu bedienen.“[20]

Die Gefahren des Aufsteigens werden zu einem oft verwendeten Grundmotiv der späteren Mystik. Die bekanntesten Texte kennen wir unter dem Begriff *Hechalot-Literatur.* „Hechal“ kann sowohl Tempel als auch Palast bedeuten, womit die „himmlischen Hallen“ gemeint sind, zu denen der Mystiker aufsteigt, um schließ-

18 mChagiga 2,1.
19 bChagiga 14b.
20 bChagiga 15b.

lich zur siebten Halle zu gelangen, in denen die Merkawa, der göttliche Thron, zu schauen ist. Es sind Schriften, die sich neben Schöpfungsspekulationen mit den himmlischen Reisen zu den göttlichen Hallen oder Palästen auseinandersetzen, die der Mystiker durchschreitet, um zum göttlichen Thron zu gelangen. Daneben nehmen einen breiten Platz auch Zauberformeln ein. Diese sind nötig, um die wachenden Schutzengel teils durch magische Siegel oder Bannsprüche zu überwinden. Endlich am göttlichen Thron angelangt, nimmt der Mystiker am kosmischen Gottesdienst teil.

Durch die Teilnahme am himmlischen Gottesdienst werden Himmel und Erde vereinigt. Der Mystiker wirkt dort wie ein Botschafter der irdischen Gemeinde. Trotz der magischen Implikationen sollen die Himmelsreisenden keineswegs untraditionelle Menschen gewesen sein. Zu den „zur Merkawa Hinabsteigenden" (hebr. Jorde Merkawa), wie sich die Mystiker nannten, wurden nur jene zugelassen, die in der jüdischen Tradition standen und danach ihr Leben führten. Sie waren eine organisierte Schule von Mystikern, die ihr esoterisches Wissen nur an Adepten weitergaben, die den moralischen, physiognomischen und chiromantischen Aufnahmekriterien entsprachen. So ist es nicht verwunderlich, daß rituelle Vorbereitungen des Mystikers, wie Fasten und Rezitieren von vorgeschriebenen Hymnen, wobei man den Kopf zwischen die Kniee nimmt, in den erhaltenen Texten breit wiedergegeben werden. Die erschreckenden Gefahren der göttlichen Welt werden ebenso anschaulich geschildert. Glück für den, der das richtige Siegel mit den schützenden göttlichen Namen besitzt. Die Unwürdigen aber werden verwirrt und enden schrecklich, bevor sie Gott, der als majestätischer Weltschöpfer erscheint, gegenüber treten können. Die Gestalt auf dem Thron ist die mystische Erscheinung des verborgenen Gottes, kein faßbares Wesen. In der Merkawa-Mystik fehlen spätere Elemente der Kabbala wie die mystische Anhängung (hebr. Dewekut) der Seele an Gott. Zu den traditionellen jüdischen Elementen des Gebetes und des Lernens der Tora traten nun Himmelsreise und magische Beschwörung. Das zentrale Element sind hierbei die Namen Gottes und die der Engel. Die Texte[21] der Hechalot-Literatur, wobei wir es hier oft nur mit Fragmenten zu tun

21 Übersetzung der Hekhalot-Literatur, Band I–IV, hrsg. von Peter Schäfer und Klaus Herrmann, Tübingen 1987–1995; eine Übersicht bietet: Peter Schäfer, Der verborgene und offenbare Gott, Tübingen 1992.

haben, sind durchweg anonym. Einiges Material wurde in der Kairoer Geniza gefunden, anderes nur durch Schriften späterer Mystiker überliefert. Neueste Forschungen datieren sie eher in die nachtalmudische Zeit, also nach dem 5. Jahrhundert. Auch die Lokalisierung, Palästina oder Babylonien, ist unsicher. Die Bearbeitung der Texte geht bis zu den deutschen Chassidim (die „Frommen") der Rheingemeinden im 12. und 13. Jahrhundert. Bereits in diesen frühen jüdischen mystischen Schriften spielt die nahezu magische Wirkung der hebräischen Buchstaben eine wichtige Rolle. Die Buchstaben bilden die zahlreichen wundertätigen Gottes- und Engelnamen. Eine grundlegende Basis für die Spekulationen über die Erschaffung der Welt bildet der Gedanke von der Tora als Schöpfungsinstrument. Hierbei nimmt die hebräische Sprache, in der die Tora verfaßt wurde, einen zentralen Platz ein. Man begann über die Kraft ihrer Buchstaben, mit deren Hilfe man über Kombinationen die Schöpfung nachvollziehen könne, zu spekulieren. Den ersten erhaltenen Versuch solch eines spekulativen Gedankensystems in Hebräisch finden wir in einem äußerst komplizierten kleinen Buch, dem *„Buch der Schöpfung"* (hebr. Sefer Jezira). Es ist eine Mischung aus Kosmologie, Kosmogonie und Linguistik. Traditionelle Kabbalisten behaupten, es sei vom Patriarchen Abraham verfaßt worden, wie es bereits Saadia Gaon (882–942) im ersten Kommentar zum Jezira von 931 behauptet hatte.[22] Aber selbst Saadia schränkte ein, daß es nur um die Prinzipien geht, die hier gelehrt werden. Folglich sei Abraham der erste gewesen, der die Lehren praktiziert hätte, als Buch aber sei es viel jünger. Es wird auch mit R. Aqiba in Verbindung gebracht, der die Lehren Abrahams aufgeschrieben haben soll. Die unterschiedlichen wissenschaftlichen Datierungen des Buches reichen vom zweiten bis ins achte Jahrhundert nach der Zeitrechnung.[23] Ein schlüssiges Argument für eine Spätdatierung des Textes ist, daß es keine erhaltene Handschrift des Jezira und auch keinen Kommentar vor dem 10. Jahrhundert gibt. Erst zur Zeit Saadias tauchen unterschiedliche Versionen des Textes auf, die die Basis für zahlreiche Kommentare werden. Dennoch sind sich alle mittelalterlichen

22 Der arabisch verfaßte Kommentar *„Tafsir Kitab al-Mabadi"* wurde von Meyer Lambert in einer zweisprachigen Ausgabe herausgegeben: Commentaire sur le Sefer Yesira par Gaon Saadya, Paris 1891.

23 Siehe: Joseph Dan, Three Phases in the History of Sefer Yezira, in: FJB 21, Frankfurt a.M. 1994, S.7–31; Ithamar Gruenwald, Some Critical Notes on the First Part of Sefer Yezira, in: REJ CXXXII (1973), S.475–512; Y. Tzvi Langermann, A New Redaction of Sefer Yesira? In: Kabbala 2 (1997), S.49–65.

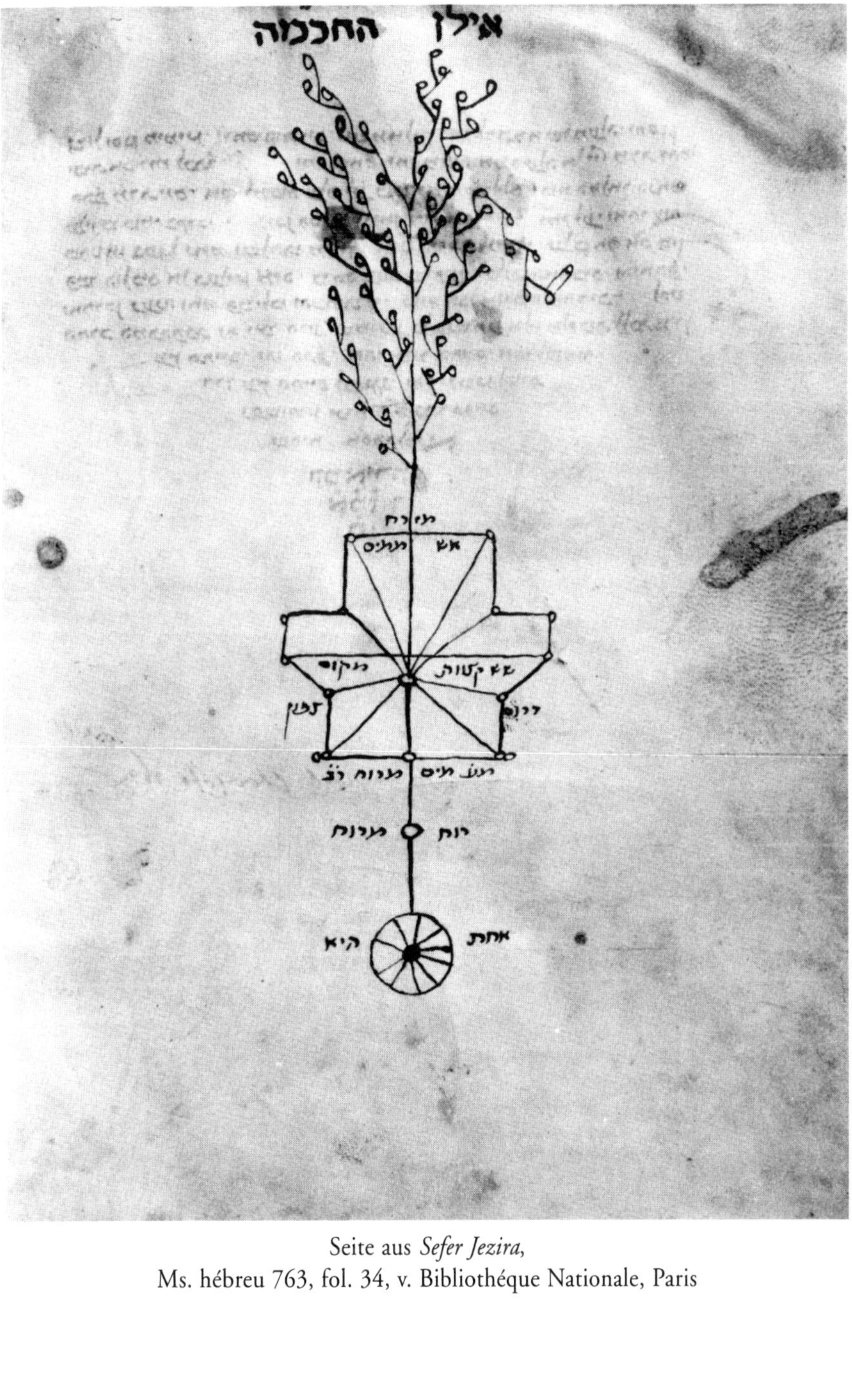

Seite aus *Sefer Jezira*,
Ms. hébreu 763, fol. 34, v. Bibliothéque Nationale, Paris

Talmudgelehrte, Philosophen und Kabbalisten einig, daß die Lehren von Abraham stammen, der ja wegen seiner astronomischen Kenntnisse gerühmt wurde. Nur der spanische Kabbalist Abraham Abulafia (1240–1291) schrieb in seinem Kommentar, daß der „gelehrte Verfasser" sein mag, wer will. Es gibt nicht weniger als drei Lesarten des Textes. Dabei ist auch noch zu bezweifeln, daß eines davon das Original ist. Eher handelt es sich um Varianten des Urtextes, falls es einen solchen je gegeben hat. Vielleicht wurde das Buch nur mündlich überliefert. Zunächst gibt es die sogenannte *Saadia-Version*, die durch den Kommentar bekannt wurde. Sie ist länger als die *kurze Version* (ca. 1300 Worte), die um 956 für den Kommentar von Dunash ibn Tamim (ca.890 – ca.956) herangezogen wurde. Saadias Fassung ist allerdings kürzer als die *lange Version* (ca. 2500 Worte), die zuerst Sabbatai Donnolo (913–982) in Italien kommentierte. Dazu kommt eine ca. 1800 Worte lange Variante, die bei traditionellen Auslegern in hohem Ansehen steht, da sie dem Kommentar Eliahu Gaon von Wilna (1720–1797) zu Grunde liegt. War die kurze Version die ursprünglichste und stammen die Einschübe in der langen Fassung von späteren Kabbalisten? Es bleibt ungewiß, da die älteste und am besten erhaltene Handschrift des Jezira eine lange Version aus dem 10. Jahrhundert ist.[24] Es ist fraglich, ob in den beiden talmudischen Stellen, die ein Buch der Schöpfung erwähnen, tatsächlich dieser Text gemeint ist. Der eine Abschnitt erzählt von R. Chananja und R. Joschijja, die an jedem Freitag die Lehren Jezira studierten und dadurch ein dreijähriges Kalb produzierten, das sie verspeisten.[25] In der anderen Erzählung[26] steht sogar, daß R. Jehoschua ben Chananja sich gerühmt habe, durch das Buch aus Gurken und Kürbissen, Hirsche und Rehböcke machen zu können. Die Kabbalisten und Talmudkommentatoren aus Südfrankreich sowie die deutschen Chassidim und die Gelehrten der Neuzeit setzten sich mit diesem Text in einer Flut von Kommentaren auseinander. Wir haben außer den genannten Erwähnungen im Talmud nichts Schriftliches zum Jezira vor Saadia, der das Buch rein philosophisch verstand. Nahezu alle Kommentatoren suchten ihre eigenen

---

24 Biblioteca Apostolica Vaticana, Cod. Mss. Ebraici 299, Nr.8, fol.66a–71b; kritische, auf Hunderte Handschriften basierende Edition: Ithamar Gruenwald, Sefer Yezira, a Preliminary Critical Edition of Sefer Yezira, in: Israel Oriental Studies 1 (Tel Aviv 1971), S.132–177.

25 bSanhedrin 67b.

26 jSanhedrin VII, 19.

Lehren im Jezira wiederzufinden, die Philosophen griechische Lehren, die Kabbalisten die Lehren der Emanation. Durch die große Anzahl kabbalistischer Deutungen, von Isaak dem Blinden über Eleasar aus Worms (ca. 1165–1230), Jehuda ben Barzilai (geb. um 1070), Moses ben Nachman (Nachmanides, genannt RaMBaN, 1194–1270) bis hin zu Moses Cordovero und Isaak Luria, wurde das Buch Jezira stets in Zusammenhang mit der Kabbala gesehen.
Das Buch besteht eigentlich aus zwei Teilen. Es ist anzunehmen, daß zwei ursprünglich separate Texte erst später vereint worden sind. Der erste Teil erzählt von den 10 Urzahlen, hier mit dem neuen Wort *Sefirot* (wahrscheinlich abgeleitet von hebr. Mispar für Zahl) eingeführt. Der zweite Teil handelt von den 22 Konsonanten des hebräischen Alphabets. Im wahrscheinlich später eingefügten Einleitungssatz steht, daß Gott in den „32 Pfaden der Weisheit", die 10 Sefirot und 22 Buchstaben zusammensetzen, die Welt, den Kosmos geschaffen habe. Das Buch Jezira wurde als eine Art Handbuch für praktische magische und meditative Übungen verstanden. Der Umstand, daß der nicht punktierte hebräische Text zwei Möglichkeiten des Verstehens zuläßt, unterstützte dies. Die dritte Person Vergangenheit, „er schuf", kann im Hebräischen auch imperativisch, „erschaffe!", gelesen werden.
Es gibt nur wenige Bibelstellen. Abraham ist die einzige Autorität, die am Ende des Textes erwähnt wird.

> „Und als Abraham, unser Vater, kam, schaute er, sah, forschte, verstand, gravierte, meißelte, permutierte, formte und dachte, und er war erfolgreich. Der Herr von allem, mag sein Name in Ewigkeit gesegnet sein, enthüllte sich vor ihm, küßte sein Haupt und nannte ihn Abraham, mein Freund (Jes 41,8). Er schloß einen Bund mit ihm und seinem Geschlecht für immer. (...) Er band die 22 Buchstaben an seine Zunge, und der seelige Heilige enthüllte ihm die Mysterien. Er zeichnete sie in Wasser, entflammte sie mit Feuer, erregte sie mit Geist, brannte sie mit den sieben Planeten und leitete sie mit den 12 Sternbildern."[27]

27 Gruenwald, Sefer Yesirah, Kapitel 6, Vers 61, S.174.

Vermutlich aramäische Lehren, neupythagoräische Zahlenspekulationen oder ägyptische Lehren flossen hier mit anderem zusammen. Die Sefirot sind nur abstrakte Urzahlen, keine Attribute wie in der späteren Kabbala. Der Text betont die Einheit Gottes, der alles erschuf.

> „Wisse, denke und forme und behalte im Kopf, daß der Herr einzig ist, er hat keinen Zweiten, und was zählst du vor eins?“ [28]

Die zehn Urzahlen sind der „Geist des lebendigen Gottes“, Luft, Wasser, Feuer, Höhe, Tiefe, Osten, Westen, Süden und Norden. Mit ihnen wurden Himmel und Erde versiegelt. Der zweite Teil beschreibt dann das Instrument seiner Schöpfung: die 22 Buchstaben, mit denen er alles bildete, was geschaffen werden sollte. Diese sind in drei Gruppen aufgeteilt, drei Mütter, sieben Doppelte und zwölf Einfache.

> „22 Grundbuchstaben: Er gravierte sie, meißelte sie, wog sie, vertauschte sie, Alef mit ihnen allen. Und er permutierte sie, und aus ihnen formte er die Seele von allem, was je geschaffen ward, und die Seele von allem, was jemals geschaffen werden wird. Wie? Er wog sie und vertauschte sie, Alef mit ihnen allen und sie alle mit Alef, Bet mit ihnen allen und sie alle mit Bet, Gimmel mit ihnen allen und sie alle mit Gimmel. Und sie alle wiederholen sich zyklisch. Daher erscheinen sie durch 231 Tore, und alles, was geschaffen, und alles, was gesprochen, geht aus einem Namen hervor.“ [29]

Das Buch spricht nicht nur von der Vielzahl der Möglichkeiten durch die Buchstabenkombinationen. Es führt eine interessante Mikro-, Makrokosmosentsprechung ein, in dem die Affinität zwischen der astronomischen Welt und dem Körperbau des Menschen hergestellt wird. Die drei Buchstabengruppen werden stets mit Entsprechungen im Menschen, im Jahr und im Universum verbunden. So entsprechen die drei Mütter (Alef, Mem, Schin) nicht nur Luft, Wasser, Feuer, sondern auch den drei Jahreszeiten (Kälte, Wärme, Gemäßigtes) und dem Kopf, Leib

28 Gruenwald, Sefer Yesirah, Kapitel 1, Vers 6, S.143.
29 Gruenwald, Sefer Yesirah, Kapitel 1, Vers 19, S.148.

und Bauch. Die sieben doppelten Buchstaben (man kann sie auf zwei verschiedene Weisen aussprechen) werden zu den sieben Planeten, den sieben Wochentagen und sieben Sinnesorganen herangezogen. Die zwölf Einfachen entsprechen den zwölf Sternbildern, den zwölf Monaten und den zwölf leitenden Organen im Körper. Die Idee, daß alle Teile der Schöpfung ein inneres Wesen haben, das aus irgendwelchen Buchstabenkombinationen besteht, führte oft zu magischen Spekulationen, die Schöpfung zu wiederholen, Leben neu zu schaffen. Vor allen bei den mittelalterlichen deutschen Chassidim führte dies dazu, es den talmudischen Weisen gleich zu tun und künstliche Wesen, einen Golem, zu erschaffen. So schrieb Eleasar aus Worms in seinem Kommentar zum Buch Jezira:

> „Wer immer das Buch Jezira studiert, reinige sich, ziehe weiße Kleider an. Es ist verboten, es allein zu studieren, nur zu zweit oder zu dritt, wie es geschrieben steht: und die Seelen wurden in Charan gemacht (Gen 12.5). Und es steht geschrieben: Zwei sind besser als einer (Koh. 4.9), und es ist geschrieben: Es ist nicht gut für den Menschen, daß er allein sei, ich will ihm eine geeignete Hilfe erschaffen (Gen 2.18). Daher beginnt die Schrift mit Bet, bereschit bara, er schuf. Es obliegt demjenigen jungfräuliche Erde aus einem Platz zu nehmen in den Bergen, wo noch niemand gesät hat. Und er soll die Erde mit lebendigem Wasser kneten, und er soll den Körper machen und die 221 Tore des Alphabetes permutieren, jedes Glied einzeln, jedes Glied mit dem entsprechenden anderen wie im Buch Jezira erwähnt.“[30]

Das Buch, das wahrscheinlich in einem Milieu entstand, in dem Magie, Mystik und Philosophie miteinander einheitlich verknüpft waren, erlangte nicht nur in kabbalistischen Kreisen einen hohen Stellenwert. Sein sagenumwobener Nimbus reicht bis hin zu moderner Esoterikliteratur, in der sich mancher Autor allerdings im Dickicht der Vieldeutigkeiten verlor.

---

30 Eleasar von Worms, Perush al Sefer Jezira, hrsg. von Moshe Shapiro, Przemysl 1883, fol.15d.

3. Anfänge der mittelalterlichen Kabbala

Die erste Periode der Bewegung, die wir als Kabbala kennen, beginnt mit den mystischen Zirkeln in der südfranzösischen Provence und in Katalonien, insbesondere in Barcelona und Gerona, die sich im 12. und 13. Jahrhundert ausgebildet haben. Man kann drei mystische Schulen unterscheiden, die schließlich in Spanien vereinigt wurden. Die eine bildet sich rund um das *„Sefer ha-Bahir"* (das „hell leuchtende Buch"), dem ersten Text, der kabbalistische Symbolik enthält, ein weiterer ist der sogenannte Ijjun-Kreis, aus dem das *„Sefer ha-Ijjun"* (Buch der Meditation) hervorgeht. Bei diesen anonymen Ijjun-Mystikern ist die Verbindung zu den Hechalot-Lehren besonders ausgeprägt. Der bekannteste Kabbalistenkreis war in der Provence. Die esoterischen, theosophischen, kosmologischen und magischen Lehren der Kabbala waren stark vom Neuplatonismus beeinflußt. Diese vom 3. bis zum 6. Jahrhundert auftretende Strömung war die letzte Spielart der griechischen Philosophie, die die vorangegangenen Systeme, wie das aristotelische, das stoische oder das pythagoräische, in neuen Prinzipien vereinigte. Der sagenhafte Begründer war Ammonius Sakkas aus Alexandria (175–242), obwohl sein Schüler Plotionos (205–270) der wirkliche Urheber gewesen war. Der Neuplatonismus entwickelte eine mystische Stufenlehre. Aus dem „All-Einen", dem „Ersten", dem „Ewigen", strömt alles aus. Diese Emanation entläßt Geist, Weltseele, Einzelseelen und Materie. Alles leitet sich von diesem höchsten, unfaßbaren Wesen ab, in dem auch alles wieder zurückkehrt. In diesen mystisch-intuitiven Lehren findet man gleichsam den Aufruf zur Ekstase (Eins-Sein mit Gott) als auch zur Askese.[31]

Die frühen kabbalistischen Zirkel nahmen diese Gedankenwelt offenkundig in sich auf, wobei sie auf Elementen der alten jüdischen Mystik aufbauten. Dies kann man auch in einer vierten Mystikerschule sehen, die in den Städten des Rheinlandes, vor allem in Speyer, Worms und Mainz, entstand, der aschkenasische Chassidismus der Familie Kalonymos, deren Vorfahren aus dem oberitalienischen

31 Siehe: Jens Halfwassen, Der Aufstieg zum Einen, Untersuchungen zu Platon und Plotin, Stuttgart 1992.

Lucca stammten. Die prominentesten Vertreter waren Samuel ben Kalonymos aus Speyer, sein Sohn Jehuda he-Chassid (gest. 1217), dessen bereits erwähnter Schüler und Verwandter Eleasar ben Jehuda aus Worms war. Bei Eleasar können wir direkte Beziehungen zu den alten mystischen Themen sehen. Er beschäftigte sich in seinen Werken mit den Mysterien der Schöpfung und des Thronwagens und schrieb einen Kommentar zum Jezira. Seine bedeutendste mystische Schrift ist ein Buch zur Deutung der Gottesnamen, *„Sefer ha-Schem“* (Buch des Namens), ein Teil seines fünfbändigen *„Sode Rasajja“* (Geheimnisse der Mysterien).[32] Neben Beiträgen zur Gebetsmystik ist das Hauptwerk ihrer Bewegung das *„Sefer Chassidim“* (Buch der Frommen),[33] worin ein ganz prägnanter Menschentyp als Ideal vorgeführt wird. Die von Samuel und Jehuda verfaßte Schrift ist eine der wichtigsten jüdischen mittelalterlichen Werke zur Ethik. Das zentrale Werk der frühen Kabbala ist das Buch Bahir.[34] Neuplatonische und gnostische Ideen bilden die Grundlage des Buches, das keinen festen Aufbau hat. Es ist vielmehr eine fragmentarische Sammlung, die aus mehreren Schichten besteht. Verschiedene Quellen wurden zwischen 1160 und 1180 verarbeitet und redigiert, wobei dieses Zusammenfließen verschiedenster Texte mit unterschiedlichsten Einflüssen noch unklar ist.[35] Traditionelle Kabbalisten weisen es ins 1. Jahrhundert und R. Nechunja ben ha-Qana zu, nach der Eröffnung des ersten Paragraphen des Buches. Gershom Scholem vertrat die These, daß die Redaktion des Buches im provençalischen Kabbalistenkreis stattgefunden hätte.[36] Neuere Forschungen haben gezeigt, daß es nicht zu bewei-

32 Nur ein Teil dieses Werkes wurde bislang ediert und übersetzt: Hanna Liss, El'azar Ben Yehuda von Worms: Hilkhot ha-Kavod, die Lehrsätze von der Herrlichkeit Gottes, Tübingen 1997, der Teil *„Sefer ha-Schem“* liegt nur handschriftlich vor; zu den Chasside Aschkenas: Ivan G. Marcus, Piety and Society, the Jewish Pietists of Medieval Germany, Leiden 1981.

33 Sefer Chassidim, hrsg. von Reuven Margalioth, Jerusalem 1975, engl. Teil-Übersetzung von S. A. Singer: Medieval Jewish Mysticism, Book of the Pious, Northbrook 1971.

34 Nach Ijob 37,21, der andere Titel des Bahir ist „Midrasch des R. Nechunja ben ha-Qana“; eine textkritische Ausgabe (MS München 209, sowie MS Vatican-Barberini Or. 110) gab Daniel Abrams unter dem Titel „The Book Bahir. An Edition Based on the Earliest Manuscripts“ (Los Angeles 1994) heraus; Gershom Scholems deutsche Übersetzung, „Das Buch Bahir, Leipzig 1923, Nachdruck Darmstadt 1970“, beruht auf MS München 209.

35 Siehe: Elliot R. Wolfson, The Tree that is All: Jewish-Christian Roots of a Kabbalistic Symbol in Sefer ha-Bahir, in: Journal of Jewish Thought and Philosophy 3 (1993), S.31–76.

36 Gershom Scholem, Ursprung und Anfänge der Kabbala, Berlin 1962, S.43–175.

sen ist, ob die provençalischen Kabbalisten das Bahir tatsächlich gekannt haben.[37] Daniel Abrams glaubt, daß es vielleicht in Deutschland, aber außerhalb der Chassidim bearbeitet wurde. Das Buch Bahir ist eine Sammlung von mystischen Bibelauslegungen, Gebetsmystik und kosmologischen Spekulativen. Der Form nach ist er ein Werk der Bibelauslegung, das pseudepigraphisch verschiedenen, teils völlig unbekannten Gelehrten, zugeschrieben wird. Nach der traditionellen Sicht ist der wahrscheinlich fiktive R. Amorai ein Pseudonym für den nur zu Beginn erwähnten Nehunja. Die Kabbalisten verstehen darunter eine ausdrückliche Warnung an den vielleicht zu neugierigen Leser. Diese Ermahnung wird mit der ganzen Autorität, der Erwähnung des korrekten vollen Namens, ausgedrückt. Zur Redaktion wird in traditionellen Kreisen die Meinung gepflegt, daß es eine mündliche Kette kleiner Zirkel über die Jahrhunderte gegeben hätte, wobei Teile der Lehren bereits früher in das verschollene aramäische *„Sefer Raza Rabba"* (Buch vom großen Mysterium) eingeflossen seien. Dann wären die kabbalistischen Traditionen von Palästina und Babylonien nach Deutschland und Italien und schließlich in die Provence gelangt. Dort sei beschlossen worden, das Bahir aufzuschreiben.[38] Der Text war gewiß fließend und wurde von früheren Kabbalisten rezipiert. Die Endredaktion fand schließlich im späten 12. bzw. frühen 13. Jahrhundert statt, wobei ältere Textstränge und mündliche Traditionen, vielleicht auch schon Spuren erster redaktioneller Vorstufen, miteinander verknüpft wurden. Hebräische und aramäische Fragmente, deren Verquickung von Schöpfungsspekulationen, Merkawa-Lehren und anderen Elementen vielleicht bereits im Orient erfolgte, bilden den erkennbaren Quellenhintergrund des recht kleinen Buches Bahir (ca. 12000 Worte). Das Bahir deutet die Schöpfung, das Alphabet, die Geheimnisse der Seele und die zehn Sefirot. Es ist die älteste jüdische Quelle, die über das Reich der göttlichen Attribute in dieser Weise spekuliert. Den zehn kosmischen Urzahlen aus dem Jezira werden im Bahir göttliche Eigenschaften zugewiesen. Sie werden zu den Kräften Gottes. Daneben werden diese „Kronen, die der König trägt" auch mit den zehn

---

37 Joseph Dan, Das Entstehen der Jüdischen Mystik im mittelalterlichen Deutschland, in: Judentum im deutschen Sprachraum, hrsg. von Karl E. Grözinger, Frankfurt a. M. 1991, S.127–173.

38 Diese traditionelle Sicht vertritt z. B. Aryeh Kaplan in seiner engl. Übersetzung des Bahir: The Bahir, Northvale 1995, S.IX–XXV.

Schöpfungsworten verglichen. Das Wort Sefirot taucht selbst nur einmal im Bahir auf. Diese zehn Kräfte entsprechen der gnostischen Vorstellung von den Äonen, die aus der Welt der göttlichen Fülle, des Pleroma, im Bahir als ha-Male („die Fülle") bezeichnet, hervorgehen. Gnostische Einflüsse durch Werke wie *„Peri physeon"* von Johannes Scotus Eriugena (810–877) sind ebenfalls im Bahir zu finden. Der verborgene Gott der Kabbala wird En-Sof, das Endlose, Unbestimmte, genannt. Er besitzt keine Eigenschaften. Dieser schwer übersetzbare Terminus wurde zuerst von Isaak dem Blinden in seinem Kommentar zum Jezira eingeführt. Diese Schrift stellt die erste systematische Darstellung der kabbalistischen Sefirotlehre dar, die unter gnostischen und neuplatonischen Einflüssen steht. Das höchste der göttlichen Attribute ist der Gedanke, wovon die anderen Sefirot, die Worte, die schöpferische Kräfte besitzen, hervorgehen. Über dieser göttlichen Welt befindet sich das En-Sof.[39] Jene Welt des En-Sof ist qualitätslos, weder gut, noch schlecht, vom Menschen nicht erfaßbar. Doch diese verborgene Welt manifestiert sich in den zehn Sefirot, die das Reich der göttlichen Attribute bilden. Diese Eigenschaften sind die zweite Welt des einen Gottes der Kabbalisten, der aus der Verborgenheit des En-Sof durch die Sefirot wirkt. Eine stets betonte Einheit in der verwirrenden Vielheit. Jene zehn Sefirot haben nicht nur zehn Eigenschaften, sondern innerhalb dieser Attribute gibt es noch eine Vielzahl von Abstufungen und Vieldeutigkeiten, wobei die zehnte Sefira, Malchut (Reich) oder Schechina (göttliche Einwohnung), in Hunderten von Symbolen beschrieben wird. Sie ist im Bahir z. B. die Königin, Prinzessin oder der Garten, der bewässert wird.

> „Die Sache gleicht einem König, in dessen Gemach die Königin war, an der all seine Heere sich entzückten, und sie hatten Söhne. Sie kamen täglich, den König zu sehen und priesen ihn. Sie sagten zu ihm: Wo ist unsere Mutter? Er erwiderte ihnen: Ihr könnt sie jetzt nicht sehen. Da sagten sie: Gepriesen sei sie, wo immer sie ist!"[40]

---

39 Domagoj Akrap, Isaak der Blinde und sein Kommentar zum „Sefer Jezira", Magisterarbeit, Wien 1998 (enthält den hebräischen Text und eine deutsche Übersetzung des Kommentars).

40 Gershom Scholem, Bahir, § 90, S.97.

Durch die zehn Sefirot wird der verborgene Gott erst erfahrbar. Die Sefirot bilden einen mystischen Baum, aus dem die Seelen kommen. Der kosmische Baum hat seine Wurzeln in der oberen Welt und wächst nach unten. Hier taucht bereits die Idee auf, daß der Baum von den Taten Israels abhängig ist. Dieser Einfluß von der unteren Welt auf die oberen Sphären sollte maßgeblich für die spätere Kabbala werden.

> „Und was ist (dieser) *Baum*, von dem du gesprochen hast? Er sagte zu ihm: Alle Kräfte Gottes sind übereinander (gelagert), und sie gleichen einem Baum: wie der Baum durch das Wasser seine Früchte hervorbringt, so mehrt auch Gott durch das Wasser die Kräfte des *Baumes*. Und was ist Gottes Wasser? Das ist (die) *Chokhma* (Weisheit), und das ist die Seele der Gerechten, die von dem *Quell* zum *großen Kanal* fliegen, und er steigt auf und haftet am *Baum*. Und wodurch blüht er? Durch Israel: wenn sie gut und gerecht sind, so wohnt die Schechina unter ihnen, und durch ihre Werke weilen sie in Gottes Schoß, und er läßt sie fruchtbar sein und sich mehren.“[41]

Im Buch Bahir wird die Seelenwanderung als selbstverständlich beschrieben. Es ist unklar, wie diese Lehre in das Buch hineingeflossen ist, der man bei den zeitgenössischen Religionsphilosophen ablehnend gegenüber stand. Vielleicht haben hier nicht mehr rekonstruierbare Beeinflussungen, wie durch die Katharer, stattgefunden.

> „Warum geht es (manchem) Frevler gut und (manchem) Gerechten schlecht? Weil der Gerechte schon (einmal) in der Vergangenheit ein Frevler war, der nun bestraft wird. Aber bestraft man denn für (Vergehen der) Jugendtage? Rabbi Simon hat doch gesagt, daß man erst vom zwanzigsten Jahre ab bestraft?! Ich spreche ja nicht vom (selben) Leben, ich spreche davon, daß er schon in der Vergangenheit da war.“[42]

---

41 Gershom Scholem, Bahir, § 85, S.92.
42 Gershom Scholem, Bahir, § 135, S.148.

Das Buch Bahir vertritt nicht etwa eine neue mystische Lehre, die nun Kabbala genannt wird. Es ist eine vom Neuplatonismus und gnostischen Ideen beeinflußte Interpretation der alten Merkawa-Mystik. Die Bezeichnung Kabbala für diese mystischen Ideen sind dem Bahir völlig unbekannt. Gleich wo die Endredaktion des Buches stattfand, ist doch zusagen, daß bei der Entstehung der Kabbala zwei Elemente vorherrschend waren: Das eine Element sind Offenbarungen und Visionen, die einzelne Menschen erhalten haben, und das andere Element sind schriftliche Überlieferungen, kleine Hefte oder fragmentarische Blätter wie das Buch Bahir. Meir ben Salomos Abi-Sahulas Kommentar zum Buch Jezira aus dem Jahre 1330 erhellt den zeitlichen Ursprung und die Inhalte der neuen mystischen Tradition:

> „Es liegt uns ob, alle diese Dinge unserem Verständnis gemäß zu erforschen und in bezug auf sie den Weg zu verfolgen, den die eingeschlagen haben, die in unserer Generation und den uns vorangehenden Generationen seit nunmehr 200 Jahren Kabbalisten heißen, und sie nennen die Wissenschaft von den zehn *Sephiroth* und von einigen Begründungen der [biblischen] Gebote Kabbala."[43]

Aus der Reihe der provençalischen Kabbalisten sind neben Isaak dem Blinden vor allem Abraham ben Isaak (gest. um 1179), Abraham ben David (genannt Rabed, gest. 1198) und Ascher ben David[44] zu nennen. Die provençalische Kabbala entstand in einer Zeit der hohen kulturellen und religiösen Spannungen in Südfrankreich. Die talmudische Gelehrsamkeit war in Gemeinden wie Marseille, Arles, Montpellier, Narbonne und Toulouse zu hoher Blüte gelangt, und die Köpfe waren offen für die philosophischen Richtungen ihrer Zeit. Eine interessante Anmerkung hierzu ist, daß drei der provençalischen Mystiker in enger verwandtschaftlicher Beziehung zueinander standen: Der Schwiegersohn Abraham ben Isaaks aus Narbonne war Abraham ben David. Er war der Vater Isaaks des Blinden. Ascher ben David wiederum war Isaaks Neffe. Scholem weist in seiner Studie *„Ursprung und Anfänge der Kabbala"* auf Quellen hin, die behaupten, daß diese vier Männer

43 Zitiert nach: Gershom Scholem, Ursprung und Anfänge, S.33.
44 Siehe: Daniel Abrams (ed.), R. Asher ben David, his complete Works and Studies in his Kabbalistic Thought (hebr.), Los Angeles 1996.

Offenbarungen des Propheten Elia (hebr. Gilluj Elijahu) empfangen hätten. Es ist sehr aufschlußreich, daß diese Menschen sich auf diese Form mystischer Offenbarung berufen haben. Sie wollten als tief religiöse Juden nicht den Anspruch erheben, persönlich mit Gott gesprochen zu haben, da sie dadurch ihrer persönlichen Offenbarung denselben Wert wie der Offenbarung am Sinai beimessen würden. Da die Kabbala sich in der Mitte des traditionellen Judentums entwickelte, mußte sie einen Weg finden, die mystischen Offenbarungen in einen anerkannten Traditionszusammenhang einzureihen, wobei natürlich der Offenbarung am Sinai die höchste Autorität beigemessen wurde. Die Erscheinungen des Elia in Visionen und Träumen hat stark traditionellen Charakter. So sind die mystischen Visionen der Kabbalisten der Provence bewußt in den Traditionsrahmen durch die Erscheinungen des Elia gestellt worden, womit sie über jeden häretischen Verdacht erhaben sind. Was waren eigentlich die Inhalte dieser Offenbarungen? Scholem vermutete, daß die mystischen Gebetsmeditationen die eigentlichen Neuerungen darstellten. Der Beter versuchte sich in einen bestimmten Zustand zu versetzen, in dem es ihm möglich war, geistig in die Welt der göttlichen Attribute aufzusteigen. Dazu brauchte er die richtige Intention (hebr. Kawwana). Er verband dabei die Worte des normativen Gebets mit bestimmten Sefirot. Der mystische Moment spielte sich nur im Denken ab. Das Ziel der Kawwana war die mystische Anhängung an Gott (hebr. Dewekut).

Die Lehren dieser ersten kabbalistischen Zirkel wurden später in Spanien vereinigt. Sie waren keine „unjüdische“ Gegenreaktion zum Rationalismus der aristotelischen mittelalterlichen Religionsphilosophie, wie Graetz es betont hatte, sondern ein neuer Weg innerhalb der jüdischen Tradition.

4. Die Lehren der spanischen Kabbala

Die mystischen Überlieferungen der ersten kabbalistischen Zirkel fanden bei ihrer weiteren Verbreitung in Spanien verschiedenste Ausrichtungen. Gerona wurde zu einem bedeutenden Zentrum für die Kabbala und beeinflußte die weitere Entwicklung. Die Meister der Kabbala sind zum größten Teil Schüler Isaaks des Blinden. Aus der Gruppe der Kabbalisten von Gerona stellen die Schriften von Nachmanides, Esra ben Salomo (gest.ca. 1235) und Azriel (1160–1238) den Höhepunkt dar. Über Azriels Leben ist so gut wie nichts bekannt. Oft wird er mit seinem älteren Zeitgenossen Esra verwechselt. In seinen Schriften finden wir deutliche Verbindungen zu neuplatonischem Gedankengut, wie *„De divisione naturae"* des Philosophen Johannes Scotus Eriugena. Dieser hatte versucht christliche und neuplatonische Ideen zu verbinden. Sein Werk war auch unter den Katharern bekannt und beeinflußte die deutsche Mystik.1225 wurde es von Papst Honorius III. verboten. Azriel führte die Gedankenwelt Isaaks des Blinden und des Ijjun-Kreises weiter. Sein *„Scha'ar ha-Scho'el"* (Tor des Fragenden) ist eine Sefirotlehre für Nicht-Eingeweihte, die als Frage- und Antwortkatalog verfaßt wurde.[45] Sie könnte aus apologetischen Gründen oder dem Wunsch nach Verbreitung der kabbalistischen Ideen erwachsen sein.Wie sehr einige Gelehrte von Gerona die Kabbala aus den esoterischen Kreisen unters Volk trugen, zeigt ein wichtiger Brief Isaaks des Blinden. Dort tadelte Isaak die Kabbalisten wegen ihrer propagandistischen Aktivitäten. Die Leute in Gerona würden auf dem Marktplatz und in den Straßen über die Kabbala sprechen. Eine öffentliche Verbreitung der kabbalistischen Lehren müsse zu Mißverständnissen und Streit führen, denn das allgemeine Volk könne die Ideen nicht vollständig begreifen. Isaak ermahnte sie sogar, keine Bücher zu schreiben.

„Denn ich wurde von großer Besorgnis erfüllt, als ich Gelehrte, Einsichtige und Chassidim sah, die sich in langen Reden ausließen und sich vermaßen, in ihren

45 Veröffentlicht in dem Buch *Derech Emuna* von Meir ben Gabbai, Berlin 1850.

> Büchern und Briefen über große und erhabene Gegenstände (der Kabbala) zu schreiben. Das Geschriebene läßt sich aber nicht im Schrank halten, und oftmals geht es verloren oder die Eigentümer sterben, und die Schriften gelangen in die Hände von Toren und Spöttern, und der Name des Himmels wird dadurch entweiht. Und dies ist in der Tat bei ihnen passiert. Als ich noch mit ihnen im Leben zusammen war, habe ich sie in dieser Richtung oft verwarnt, seitdem ich aber von ihnen schied, ist durch sie Unheil angerichtet worden. Ich aber bin ganz anders gewöhnt worden (nämlich nicht über Kabbalistisches öffentlich zu sprechen oder zu schreiben), denn meine Väter waren zwar die Vornehmsten des Landes und Lehrer der Tora in der Öffentlichkeit, aber niemals kam ein Wort aus ihrem Mund und sie verfuhren mit ihnen (den Uneingeweihten) wie mit Menschen, die in der Weisheit nicht bewandert sind, und ich habe von ihnen gesehen und meine Lektion gelernt.“[46]

Es herrschte ein großer Interessenkonflikt. Sollte die Kabbala eine esoterische Disziplin bleiben, oder sollte man diese Ideen in die breite Öffentlichkeit tragen. Zur selben Zeit erreichte die rationale, aristotelisch geprägte, jüdische Religionsphilosophie ihren Höhepunkt. Die hebräische Übersetzung von Maimonides *„Führer der Verwirrten“* war erschienen und sorgte für hitzig geführte Debatten. Die Kabbalisten, die sich mit der jüdischen Tradition fest verbunden sahen, verbanden eine mystische Gottesauffassung mit dem halachischen Weg des Judentums. In ihrer Übernahme von philosophischem Gedankengut, wie dem der Neuplatoniker, suchten sie einmal, die Fortführer der Philosophen zu sein, aber zum andern sahen sie sich genötigt, gegen die rationalistische Methode vorzugehen, da sie befürchteten, in der Spiritualisierung den lebendigen Glauben zu verlieren. Bei diesem Maimunisten-Streit kann man keineswegs eine glatte Front zwischen den beiden Kontrahenten erkennen.[47] Die Kabbalisten von Gerona waren kontemplative Menschen, die die Rituale des Judentums als Symbole der göttlichen Welt verstanden. Sie wollten sie von einer rein durch die Vernunft geprägten allegorischen Auslegung bewahren. Eine bedeutende Rolle in dieser Kontroverse um 1232 hatte

46 Zitiert nach Scholem, Ursprung und Anfänge, S.349.
47 Siehe: Gershom Scholem, Ursprung und Anfänge, S.349–366.

Nachmanides inne. Der berühmte Bibelkommentator war eine überragende Autorität im halachischen Judentum und der Sprecher der Gemeinden von Aragonien. Sein Kommentar zur Tora und zum Buch Hiob ist von kabbalistischen Lehren geprägt, auch wenn er im Gegensatz zu seinen Gedichten[48] eher zurückhaltend kabbalistische Symbolik verwendet. Im Torakommentar ist die Deutung der Leviratsehe (Deut 25) von der Seelenwanderungslehre beeinflußt. Wenn der Bruder des kinderlos Verstorbenen dessen Witwe heiratet, würde der nächste der Sohn die Wiederverkörperung des toten Bruders sein. Dennoch wurde gerade in Gerona die Seelenwanderung als besonders verborgene Lehre betrachtet. Es war verpönt, sich ausführlich zum Geheimnis des Übergangs (hebr. Sod ha-Ibbur) zu äußern. Durch das kabbalistische Zentrum in Gerona verbreiteten sich die ursprünglich esoterischen mystischen Lehren und nahmen immer stärker ihren Sitz im allgemeinen Judentum ein. Gebotserfüllung und Gebet wurden deutlicher mit der symbolischen Welt der Sefirot und den Lehren von Kawwana und Dewekut verbunden.
Das spanische Mittelalter kennt eine große Reihe bedeutender Kabbalisten, deren Werke nur teilweise ediert sind. So ist zwar ein ekstatischer Mystiker wie Abraham Abulafia, der Emanationslehren ablehnte und seine Überlegungen aus dem Jezira und dem Führer der Verwirrten schöpfte, durch Studien wohlbekannt[49], aber nur wenige seiner Schriften sind bislang gedruckt worden. Das wichtigste Werk der mittelalterlichen Kabbala war das *„Sefer ha-Zohar“* (Buch des Glanzes). Der Hauptteil des Zohar wurde von Moses ben Shemtov de Leon (1240–1305) verfaßt und pseudepigraphisch R. Simeon bar Johai aus dem 2. Jahrhundert zugewiesen. Bei den Frankisten im 18. Jahrhundert, die sich Zohariten nannten, wie auch bei heutigen Kabbalisten und Chassidim wird bis heute behauptet, daß Simeon bar Johai der Verfasser sei. In diesen Kreisen hat der hauptsächlich in Aramäisch geschriebene Zohar einen Status wie vergleichsweise die Bibel oder der Talmud in der normativen jüdischen Tradition.[50] Wann der Zohar diesen Status erhalten hat, ist umstritten. Während Scholem und Tishby dies bereits in die vorchassidische Peri-

48 Siehe: Johann Maier, Die Kabbalah, München 1995, S.373–381.
49 Siehe: Moshe Idel, Abraham Abulafia und die mystische Erfahrung, Frankfurt a. M. 1994.
50 Siehe: Boaz Huss, Sefer ha-Zohar as a Canonical, Sacred and Holy Text: Changing Perspectives of the Book of Splendor between the Thirteenth and Eighteenth Centuries, in: Journal of Jewish Thought and Philosophy 7 (1998), S.257–307.

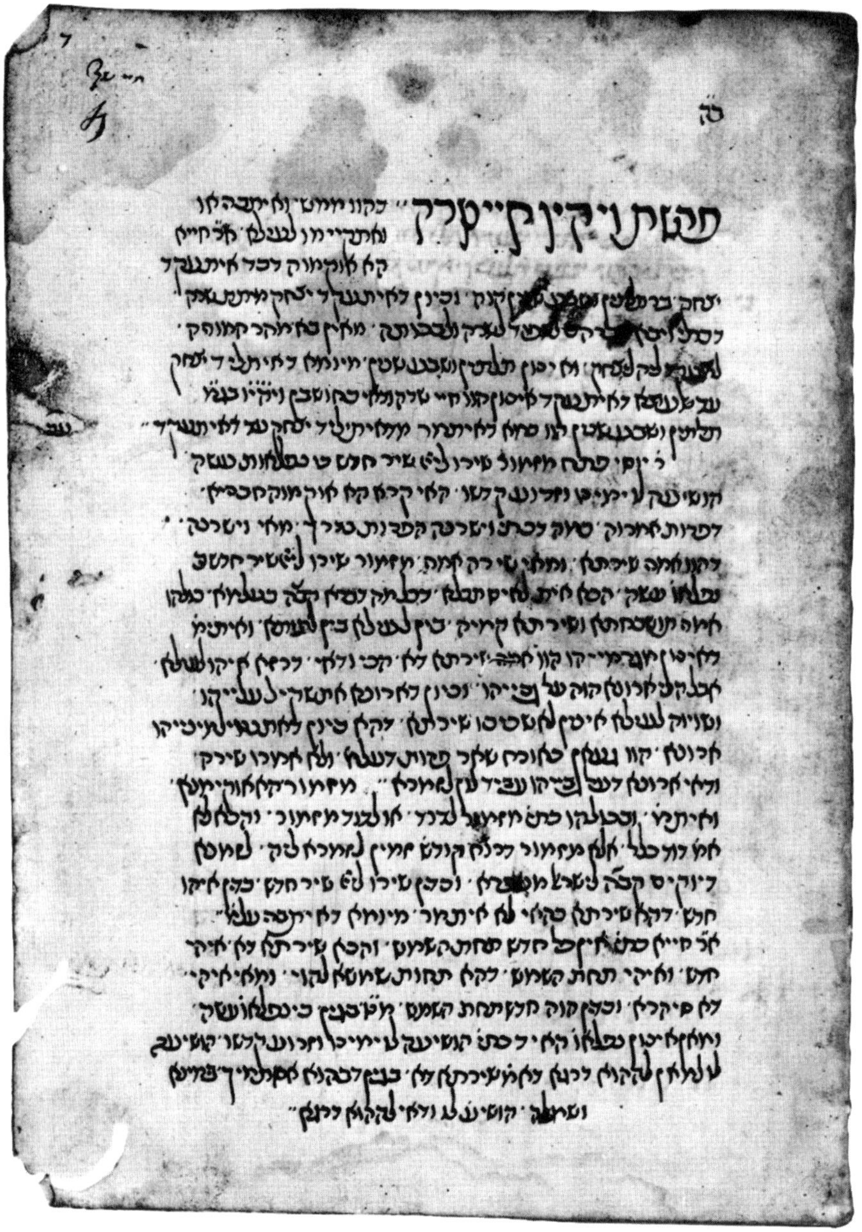

Seite aus *Sefer ha-Zohar*,
Ms. hébreu 782, fol. 4. Bibliothéque Nationale, Paris

ode nach der Vertreibung der Juden aus Spanien ansiedeln, vertritt Zeev Gries[51] die Meinung, daß es erst im 18. Jahrhundert geschehen sei.

„Viele dieser Gelehrten behaupten, der Sohar sei im 11.[!] Jahrhundert von dem Kabbalisten Rabbi Moses de Leon (...) geschrieben worden. Sobald der Sohar jedoch besser verstanden wird, wird es klar, daß nur jemand der Größe und des Geistes Rabbi Schimons dieses Werk hätte schreiben können."[52]

Heinrich Graetz, Leopold Zunz und andere Vertreter der „Wissenschaft des Judentums" hatten versucht zu beweisen, daß der Zohar ein Produkt des spanischen Mittelalters sei und nicht aus der Feder des Simeon bar Johai stamme. Sie wollten zeigen, daß dieses „Lügenbuch" eine Fälschung ist. Der junge Scholem dagegen vertrat die Auffassung, daß der Zohar die Endredaktion von viel älteren Schriftstücken darstelle und sich möglicherweise tatsächlich Elemente von Simeon bar Johais Lehren darin enthalten. Das Problem der Datierung und der Autorenschaft des Zohar bearbeitete er zwischen 1931 und 1935. Das Ergebnis seiner Arbeit war, daß Versuche, die Entstehung des Zohar vor dem 13. Jahrhundert anzusetzen, fruchtlos bleiben müssen. Er übernahm Graetz' These der späten Datierung des Zohar, ohne allerdings das Werk dabei abzuwerten.[53] Der Grund für die Pseudepigraphik lag für Graetz in der Gewinnsucht eines Autoren, dessen Bücher keine Einnahmen mehr bringen, so daß er es mit Fälschungen probiert, um so zu einer „Bilderbuchfigur des abgefeimten Schurken" zu werden.
Moses de Leon stellte sein mystisches Wissen in einen Traditionszusammenhang. Er schuf ein furioses Gedankengebäude, daß nicht von Simeon bar Johai stammte. Durch diesen Kunstgriff wurde Simeon bar Johai in allen kabbalistischen Kreisen zum großen Mystiker. Bei Rabbi Isaak von Acre, dessen Besuch bei der Witwe von Moses de Leon in einem teilweise erhaltenen Tagebuch aufgeschrieben worden ist, steht ein Satz, den Moses de Leon gesagt haben soll:

---

51 Zeev Gries, Between Literature and History: Introductions to a Discussion and Study of Shivhei ha-Bescht (hebr.), in: Tura 3 (1994), S.156–157.

52 Philip S. Berg, Kabbala für den Laien, Jerusalem 1988, S.25.

53 Gershom Scholem, Die jüdische Mystik in ihren Hauptströmungen, Frankfurt a. M. 1980, S.171–223.

„Wer würde sich für all dies interessieren, wenn es als meine Arbeit bekannt würde?“[54]

Menachem Zevi Kaddari hat bislang die größte philologische Zohar-Studie unternommen.[55] Es gibt bis heute kein Wörterbuch oder gar eine Konkordanz zum Zohar.[56] Kaddari stellte fest, daß das künstliche Aramäisch des Zohar eine Mischung aus verschiedenen Formen des Aramäischen ist, vor allem aus der Sprache des babylonischen Talmuds und des Targum Onkelos. Hebräisch ist eigentlich die Ursprache des Zohar. Moses de Leon dachte Hebräisch und übersetzte es dann in seine Kunstsprache, wobei er philosophische Termini seiner Zeit benützte. Die grammatische Struktur ist ebenfalls eine Mischung, wobei verschiedene Formen, auch des Targum Jeruschalmi, oft bedenkenlos nebeneinander stehen. Dort, wo es Unterschiede zwischen hebräischer und aramäischer Syntax gibt, folgt Moses de Leon der hebräischen. So ist offenkundig, daß die Sprache des Zohar mittelalterliches Hebräisch in aramäischer Umhüllung ist, die auch durch Fehler und Verwechslungen entlarvt wird. Spanische Redewendungen werden schlicht übersetzt. Aramäische Worte bekommen bei ihm auch alle diejenigen Bedeutungen hinzu, die sie auch im Hebräischen haben. Philosophisch-kabbalistische Termini wie All-Grund oder All-Verbundenheit werden stets mit „de-qola“ gebildet, ein Usus, der erst durch den Einfluß des Neuplatonismus in der jüdischen Literatur zu finden ist.
Die gewöhnlich fünf Bände des Zohar sind eine Zusammenstellung von verschiedenen Texten. Die ersten drei Bände bilden den Zohar zum Pentateuch, der nach den Wochenabschnitten geordnet ist. Dieser Hauptteil besteht neben dem eigentlichen Kommentar aus weiteren Texten wie dem *„Midrasch ha-Ne'elam“* (verborgener Midrasch) oder dem *„Raya Mehemna“* (gute Hirte). Der vierte Band sind die *„Tikkune ha-Zohar“* (Verbesserungen zum Zohar), worin mehr als siebzig Tikkunim enthalten sind. Der Midrasch ha-Ne‘elam, der Raya Mehemna und die Tikkune ha-Zohar wurden nach Jehuda Liebes nicht von Moses de Leon, sondern

54 Zitiert nach Joseph Dan, Gershom Scholem, S.223.
55 Menachem Zevi Kaddari, The Grammar of the Aramaic of the Zohar (hebr.), Jerusalem 1971.
56 Siehe: Boaz Huss, A Dictionary of Foreign Word in the Zohar (hebr.), in: Kabbala 1 (1996), S.167–205.

von einem kabbalistischen Kreis verfaßt. Diese Teile ahmen das künstliche Aramäisch nur noch ungeschickt nach. Sie sind zum größten Teil in Hebräisch geschrieben, wobei durch Hinzufügen eines Alef am Ende des Substantivs die Texte einen aramäischen „Touch" bekommen sollten.[57] Der fünfte Band ist der *„Zohar Chadasch"* (der neue Zohar), der ebenfalls aus Tikkunim besteht.[58] Neben dem Hauptteil gibt es kleinere Schriften, die unterschiedliche Themen zum Inhalt haben, wie die folgenden Beispiele zeigen: das nur sechs Seiten lange *„Sifra di-Zeniuta"* (Buch der Verborgenheit) kommentiert Gen 1–6. Bei der *„Idra Rabba"* (die große Versammlung) sprechen Simeon und seine Gefährten über mystische Geheimnisse wie das des Urmenschen, wobei drei Teilnehmer in Ekstase sterben. Die *„Idra Sutta"* (die kleine Versammlung) erzählt von der letzten Rede Simeon bar Johais und seinem Tod, wiederholt und interpretiert die Geheimnisse der großen Idra neu. In den *„Hechalot"* (Paläste) gibt es eine Beschreibung der sieben göttlichen Paläste. Das *„Rasa de-Rasin"* (Geheimnis der Geheimnisse) behandelt Physiognomik und Chiromantik. Die Geschichte *„Saba"* (Greis) erzählt von einem bedeutenden Kabbalisten, der über die Seele und Seelenwanderung spricht und das *„Sitre 'Otiot"* (Geheimnisse der Buchstaben) deutet die Buchstaben des Gottesnamens und der Anfänge der Schöpfungsgeschichte. Der theosophische Zohar entwickelt kein kabbalistisches System, sondern trägt seine mystischen Gedanken in Form der Homiletik vor. Dabei ist dieser Midrasch nicht kurz gefaßt, sondern sehr ausschweifend in seiner Erzählweise.

War im Buch Bahir die Konfiguration der Sefirot noch nicht klar, so ist sie im Zohar eindeutig bestimmt. Während in früheren kabbalistischen Betrachtungen die göttliche Thronwelt in den Mittelpunkt der Spekulationen rückte, ist es nun diese mystische Gestalt der Erscheinungen der Gottheit. Die Welt Gottes selbst und die

---

57 Yehuda Liebes, How the Zohar was written, in: ders., Studies in the Zohar, Albany 1993, S.87–88.

58 Der Zohar in drei Bänden sowie die Tikkune ha-Zohar wurden zuerst in Mantua 1558–60 gedruckt, der Zohar Chadasch wurde zuerst 1597 in Saloniki, allerdings in einer fehlerhaften Version, gedruckt, der erste korrekte Druck war 1658 in Venedig. Alle bisherigen Versuche, große Teile des Zohar in eine europäische Sprache zu übersetzen, müssen als gescheitert angesehen werden. Nur die englische Übersetzung der hebräischen Anthologie von Isaiah Tishby (Mishnat haZohar, zwei Bände, Jerusalem 1949 Band 1, 1961 Band 2 bildet einen hervorragenden Überblick über die Lehren des Zohar: Isaiah Tishby, The Wisdom of the Zohar, drei Bände, London 1994.

Verbindungen zwischen Gott, Schöpfung, Mensch und Seele werden betrachtet. Die gebräuchlichsten Namen der Sefirot sind folgende, wobei ihnen auch Gottesnamen zugeordnet sind:

1. Keter: die höchste Krone, Gottesname EHiJeH;
2. Chochma: die Weisheit, Gottesname JaH;
3. Bina: Einsicht, Vernunft, Gottesname JHWH als Elohim punktiert und gelesen;
4. Chessed: Liebe, Gnade, Gottesname El;
5. Gewura oder Din: Gerechtigkeit, richtende und strafende Macht, Gottesname Elohim;
6. Rachamin: Barmherzigkeit, seltener wird im Zohar das später üblichere Tiferet (Herrlichkeit) an die Stelle von Rachamin gesetzt, die zwischen der 4. und 5. Sefira vermitteln soll, Gottesname JHWH. Die Zuordnung des Tetragramms, des unaussprechlichen Gottesnamens, zu Tiferet sollte im Sabbatianismus und Frankismus eine wichtige Rolle spielen;
7. Nezach: Ewigkeit, Gottesname JHWH Zewaot;
8. Hod: Pracht, Gottesname Elohim Zewaot;
9. Jessod: Fundament, Gottesname El chaj nach dem Zohar, Schadai nach Joseph Gikatilla, (1248–1305), dem Verfasser des Werkes *Scha'are' Ora* (Pforten des Lichtes);
10. Malchut: Reich, die weibliche Kraft, die die göttlichen Emanationen der unteren Welt zuführt, auch als Schechina oder Knesset Israel bezeichnet, Gottesname Adonaj.

Die Sefirot sind untereinander durch Kanäle verbunden und werden von drei Säulen getragen: die rechte Säule der Gnade (Chochma, Chessed, Nezach), die linke Säule des strengen Gerichts (Bina, Gewura, Hod) und die ausgleichende zentrale Barmherzigkeitssäule (Keter, Rachamin [Tiferet], Jessod, Malchut). Die Patriarchen und andere biblische Figuren werden ebenfalls mit sieben Sefirot, entsprechend den sieben Hirten der Bibel, verbunden:
Abraham – Chessed; Isaak – Din; Jakob – Rachamin, Tiferet; Moses – Nezach; Aaron – Hod; Joseph – Jessod; König David – Malchut. Zwischen Chochma und Bina befindet sich eine Kraft, die zwar in der Sefirot-Welt, aber selbst keine Sefira ist, Da'at (Erkenntnis). Diese wirkt wie ein äußerer Zweig von Keter und ver-

mittelt als höhere Erkenntnis zwischen Vernunft und Weisheit. Das geheimnisvolle Da'at, das in kabbalistischen Werken ab dem 13. Jahrhundert auftaucht, wird im Frankismus eine zentrale Stellung einnehmen. Das Bild der Sefirot wird in den verschiedensten Formen symbolisch dargestellt, am bekanntesten als Baum, in Anlehnung an Bahir § 85, und als Urmensch, dem Adam Kadmon. Bei diesem Bild werden den einzelnen Sefirot Körperteile zugeordnet.

> „Chessed ist der linke Arm. Tiferet ist der Torso, Nezach und Hod sind die zwei Schenkel. Jessod ist das Ende des Körpers, der Ort des Zeichens des heiligen Bundes. Malchut ist der Mund, und deswegen wird sie die mündliche Tora genannt. Chochma ist das Gehirn, die Quelle des innerlichen Gedenkens. Bina ist das Herz, und durch sie *versteht das Herz* (Jes 6,10). (...) Keter ist die Krone der Majestät (...) und auf diesem Ort legt man die Tefilin des Kopfes."[59]

Dieser kosmische Mensch ist androgyn. So entspricht Jessod dem männlichen und die Schechina dem weiblichen Geschlechtsteil. Hod und Nezach werden entweder als Beine, aber auch als Hoden gesehen. Moses de Leon verwendet im Zohar häufig sexuelle Bilder für die Beziehungen innerhalb der göttlichen Welt, vor allem in bezug zur Schechina, die als die Braut Gottes erscheint, weniger für die Beziehungen Mensch und Gott. Diese Sexualsymbolik ist tief mit mythischen Elementen verbunden. Ein weiteres Symbol des Zohar ist die Idee des Schefa, des göttlichen Einflusses, der, ausgehend vom En-Sof, die ganze Welt der Sefirot erreicht und erhält und in der kabbalistischen Sexualsymbolik zu Gottes Samen wird, wobei der Ursprung dieser Idee wohl bei der neuplatonischen Idee des fließenden, göttlichen Lichts liegt. Die Schechina wird als Mond bezeichnet, der selbst kein Licht hat, sondern angestrahlt wird. D.h. so wie die anderen Sefirot in sie einfließen, so wirkt sie wieder auf die untere Welt – entweder als fröhliche Braut oder zornige Mutter. Der mystische Eintritt des Kabbalisten in die Welt der Sefirot kann nur durch das Tor der Schechina erfolgen. In der Vereinigung Gottes mit der Schechina wird erst eine völlige Einheit in der göttlichen Welt erreicht. Diese ursprüngliche göttliche Harmonie wurde durch den Sündenfall gestört. Die Sünde des Menschen bestand

59 Zohar I 17b.

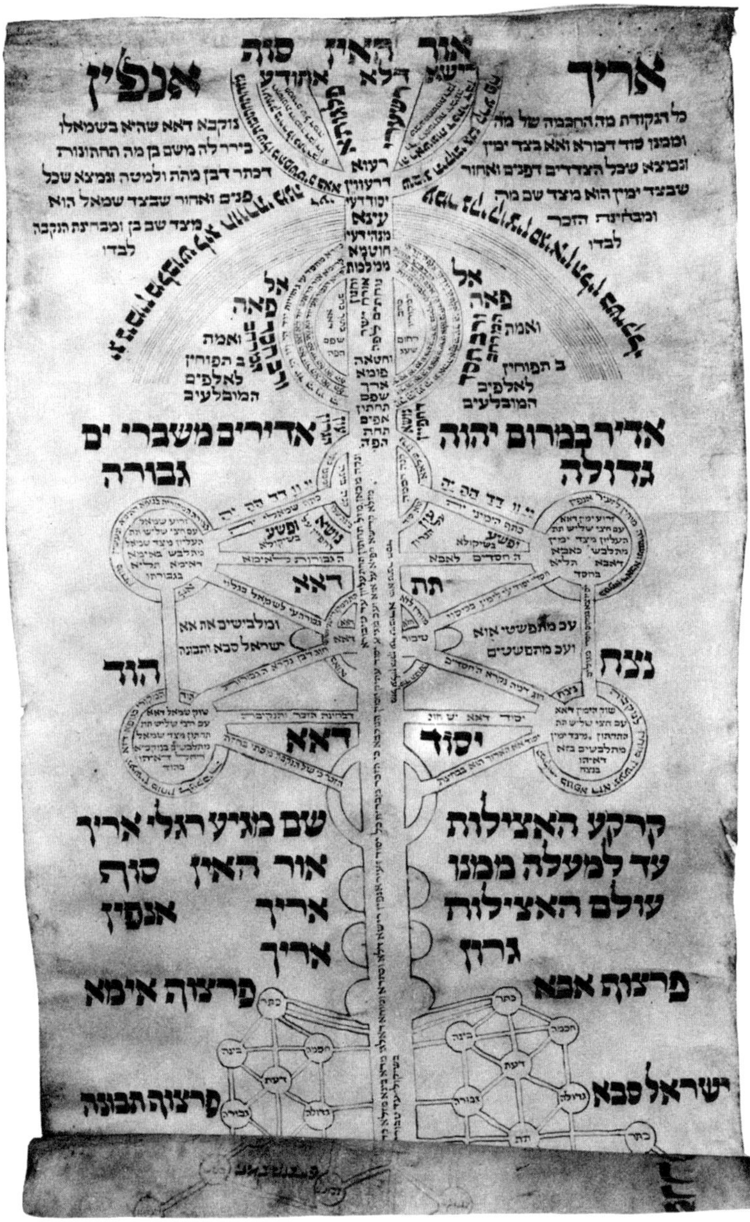

Sefirot-Baum, Deutschland 18. Jahrhundert,
Israel-Museum, Jerusalem

in der einseitigen Verehrung einer göttlichen Sphäre. Er isolierte sie, wodurch im Bereich der göttlichen Strenge das Böse Realität erhielt, die Sitra achra (die andere Seite) entstand. Das verselbständigte, herausgetretene Feuer der göttlichen Strenge ist selbst nicht böse, solange es in der Welt der göttlichen Sefirot bleibt. Die Gegenwelt der dämonischen Kräfte der anderen Seite werden im Zohar in mythischen Bildern beschrieben. Der Zustand der Trennung der Einheit wird erst in der Erlösung aufgehoben sein. So lange wird die Schechina im Exil bleiben, wie ein späterer Gedanke der Kabbala lautet. Ein anderer spanischer Kabbalist, Isaak ha-Cohen, entwickelte in einer mythisch phantastischen Lehre eine finstere Gegenwelt zur göttlichen Welt der Sefirot.[60] Dies ist ein Reich der dunklen, dämonischen Emanationen. Den Ursprung des Bösen verlegte Isaak allerdings in die Sefira der Vernunft, Bina. Dort würden zwei Emanationen entspringen: eine heilige, die auf der rechten Seite angesiedelt ist, und eine zweite der dämonischen Kräfte, die Mächte der linken Seite. Die Hauptkräfte dort sind Samael (der Satan) und Lilit (die erste Frau Adams). Bei Isaak ha-Cohen findet sich auch die Idee eines eschatologischen Kampfes zwischen dem Messias und den Kräften des Bösen. Mose de Leon verbreitete selbst den Zohar als eine Art Fortsetzungsroman unter seinen Schülern. Es ist eines der einflußreichsten und bedeutendsten Werke der Kabbala geworden.

60 Isaak ha-Cohen, *Al ha-Azilut ha-Semalit* (Traktat von den Emanationen des linken), hrsg. von Gershom Scholem in: Madda'e ha-Jahadut II, 1927.

5. Der Löwe von Safed

Die Vertreibung der Juden aus Spanien ist eines der tragischsten Kapitel in der jüdischen Geschichte. Da jeder größeren Verfolgung und Vertreibung der Juden meist eine noch grausamere im Laufe des Exils gefolgt ist, neigt man leicht dazu, die früheren aus einem nicht angemessenen Blickwinkel zu betrachten. Diese Tatsache führt leider oft zu einer verharmlosenden Darstellung so mancher antijüdischer Feldzüge in der Geschichte der Leiden und Verfolgungen vor Auschwitz. So ist das Wort Vertreibung viel zu dürftig, um die Schrecken der Vernichtung einer der blühendsten jüdischen Gemeinden der Diaspora zu beschreiben, die einer der bedeutendsten Arme der jüdischen Kultur gewesen war.

Die Auslöschung und die Entstehung neuer jüdischer Zentren in Osteuropa und im Osmanischen Reich (vor allem Nordafrika, Ägypten, Türkei, Syrien und Palästina) brachten eine entscheidende Wandlung in der weiteren Entwicklung der Kabbala. Die Kehrtwendung erfolgte aber nicht mit dem Schicksalsdatum 1492, an dem nach manchen Kabbalisten die Erlösung hätte stattfinden sollen, sondern in einem langwierigen, fast hundertjährigen Prozeß.

Von 1530 an wurde die kleine Stadt Safed in Obergaliläa zu einem Zentrum und Treffpunkt von Kabbalisten und Halachisten. Die ersten Begründer der Schulen waren zwar Flüchtlinge aus Spanien, wie R. Moses Alscheich oder R. Jakob Berav, aber sie zogen Anhänger aus großen Teilen der Diaspora an. Bedeutende Gelehrte wie Joseph Karo (1488–1572), der ein profundes halachisches und kabbalistisches Wissen in seiner Person vereinte[61], lernten und lehrten in Safed. Karo verfaßte den halachischen Codex *„Schulchan Aruch"* (Gedeckter Tisch), aber auch das kabbalistische *„Sefer Maggid Mescharim"* (Buch des ehrlichen Predigers).[62] Der Maggid ist ein Offenbarungsengel, der durch Karos Mund, wie in der surrealistischen Kunstform der automatischen Rede, sprach. Diese mystischen Erlebnisse schrieb Karo in

61 Siehe: R. J. Zwi Werblowsky, Joseph Karo. Lawyer and Mystic, Philadelphia 1977 (hebr. Neufassung Jerusalem 1996).
62 Gedruckt Wilna 1879.

tagebuchartiger Form nieder. Die beiden bedeutendsten Gestalten der Schulen von Safed waren Moses Cordovero, ein Schüler Karos, und Isaak Luria. Luria ist bekannt unter dem Akronym ARI (Elohi Rabbi Isaak oder Aschkenasi Rabbi Isaak). Cordovero, ein wichtiger Theoretiker der Kabbala, versuchte die bisherigen kabbalistischen Lehren darzustellen und neu zu interpretieren, wobei seine Ideen im Kontrast zu denen von Luria stehen. Auch hinterließ er im Gegensatz zu Luria eine Reihe von umfangreichen Schriften, von denen *„Pardes Rimmonim"* (Granatapfelgarten)[63] und *„Tomer Debora"* (Palme Deboras)[64] die wichtigsten sind. Im Granatapfelgarten untersucht Cordovero das Verhältnis zwischen En-Sof und den göttlichen Emanationswelten, den Sefirot. Für ihn sind die Sefirot außerhalb von Gott, seine Wesenheit (hebr. Asmut) aber ist in ihnen. Interessanterweise listet Cordovero im Granatapfelgarten neun Systeme der Gematria auf, obwohl er selbst dieses Auslegungsinstrument kaum berücksichtigte. Die Gematria ist eine der hermeneutischen Regeln der Torainterpretation aus dem nachtalmudischen Zeitalter. Sie ist die 29. Regel der 32 Middot des Eliezer ben Jose ha-Gelili, der in der Generation nach Bar Kochba lebte, wobei die Datierung der Schrift umstritten ist. Nur bei wenigen Mystikern, wie z. B. Eleasar von Worms oder Abraham Abulafia, nahm die Gematria eine zentrale Position ein. Die wichtigsten Methoden der Gematria sind nach Cordovero die folgenden:

Da jedem hebräischen Buchstaben ein Zahlenwert entspricht, wird dies schlicht als Interpretationsmöglichkeit herangezogen. Von alef (1) bis taw (400). Mit den anders geschriebenen Endbuchstaben von kaf (500), mem (600), nun (700), pe (800) und zade (900) wird dies fortgeführt. Dabei gibt es das der Alphabetsordnung widersprechende System, worin mem 500, nun 600, zade 700, pe 800 und kaf 900 entspricht. Mit dieser Grundmethode konnten die abenteuerlichsten Deutungen herangezogen werden. So wurde z. B. von den Gegnern des falschen Messias Sabbatai Zwi behaupet, dieser sei ein *ruach scheker* (verlogener Geist), da der Zahlenwert seines Namens und der des Ausdrucks genau 814 ist. Eine Variante dieser Methode ist das Wegstreichen der Nullen. So kann der Buchstabe taw auch als 4 gezählt werden. In einem anderen System wird zum Quadrat gerech-

63 Krakau 1592, Neuausgabe Jerusalem 1962.

64 Venedig 1587, Neuausgabe Jerusalem 1928, engl. Übersetzung: The Palmtree of Deborah, London 1960.

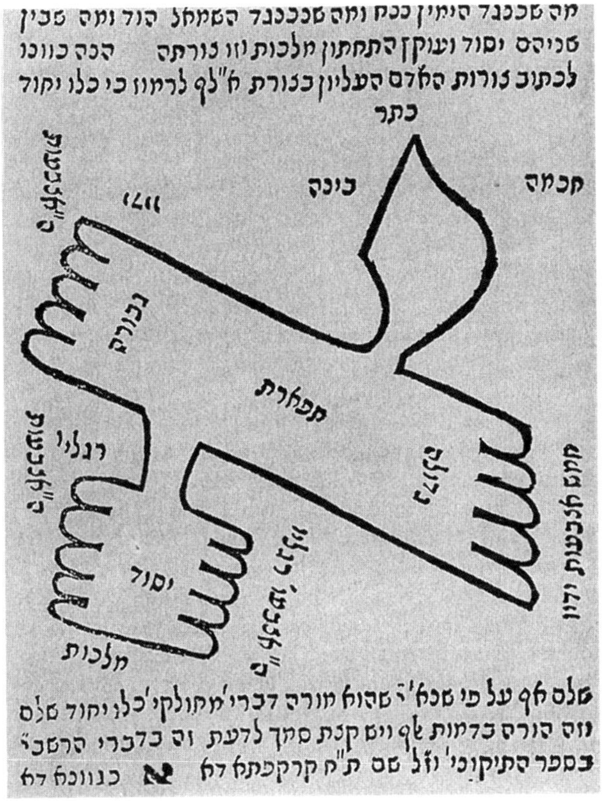

Buchstabe Alef, stellt die Einheit der zehn Sefirot dar, aus *Pardes Rimmonim* von Moses Cordovero, Krakau 1592, Jerusalem, J.N.U.L.

net. Das Tetragrammaton besteht üblicherweise aus den Zahlen 10 (jod), 5, (he), 6 (waw) und 5 (he). Das ergibt den Zahlenwert 26. Rechnet man aber stattdessen $10^2 + 5^2 + 6^2 + 5$, erhält man den Wert 186. Dieses entspricht dem Zahlenwert des Wortes *makom* (Platz), einem weiteren Gottesnamen. Damit man bei gematrischen Berechnungen auch astronomisch hohe Summen erreichen kann, erdachte man das System der Aufschlüsselung der Zahlenwerte. Der Buchstabe dalet hat normal den Wert 4. Die 4 beinhaltet allerdings die Ziffern 1, 2 und 3. So addiert man alles zusammen und erhält den Wert 10. Eine ähnliche Methode ist die sogenannte *millui* (Auffüllung). Der Buchstabe bet hat den Wert 2. Bet besteht jedoch ausgeschrieben aus den drei Buchstaben bet, jod und taw, was insgesamt 412 ergibt. Eine Verfeinerung hiervon ist die Hinzuzählung der Anzahl der Buchstaben. Da wir hier drei Buchstaben haben, wird rasch aus 412 415. Ein weniger rechnerisches System ist das Notarikon (abgeleitet von Notarius, Schnellschreiber). Hier werden die Worte nach den Anfangsbuchstaben in mehrere zerlegt bzw. ein Wort in mehrere Worte aufgeteilt. So wird aus dem Namen Reuben *Reu Ben* (seht, ein Sohn). Cordoveros Granatapfelgarten war nur für eingeweihte Kabbalisten gedacht. Seine Tomer Debora ist dagegen auf eine ganz andere Zielgruppe zugeschnitten. Es beabsichtigte, die Masse der Juden, die nicht zur mystischen Versenkung fähig sind, im Geiste der Kabbala zu führen. Das populäre Erbauungswerk sollte die Menschen dazu bringen, die göttlichen Eigenschaften, die Sefirot, nachzuahmen. Darüber hinaus ist es ein theurgisches System, das die Wirkung der Gebotserfüllung bzw. Nichterfüllung derselben auf die Welt der göttlichen Kräfte zeigt.

Von Isaak Luria selbst gibt es keine zusammenhängende Darstellung seines kabbalistischen Systems. Er kam 1569 nach Safed, wo er bei Cordovero kurze Zeit lernte. Die einzige Schrift, die von Luria stammt, ist der kurze Kommentar zur Zohar-Schrift Sifra di-Zeniuta, der den Einfluß Cordoveros spüren läßt. Ausführliche Darstellungen der lurianischen Kabbala finden wir nur in Büchern der Schüler Lurias wie in Chajim Vitals (1543–1620) umfangreichen Hauptwerk *„Ez Chajim“* (Baum des Lebens), das sich in *„Schemona Sche'arim“* (Acht Tore)[65] teilt.

65 Chajim Vital, Schemona Sche'arim, hrsg. von Yehudah Ashlag, Tel Aviv 1962.

Eins dieser „Tore“ ist das Scha'ar ha-Gilgulim (Tor der Seelenwanderungen).[66] In der spanischen Kabbala war die Seelenwanderung (hebr. Gilgul) eine bekannte, aber nicht zentrale Lehre. Im Zohar wurde eingeschränkt, daß nicht alle Menschen dem Gilgul unterliegen. Dieser sei von den Taten der Menschen abhängig, vor allem bei Kinderlosigkeit oder Verstößen im sexuellen Bereich.[67] Da die Texte Raja Mehemna und die Tikkune ha-Zohar aus der Zoharschule stammen, wundert es nicht, daß dort eine andere Meinung als bei Moses de Leon vertreten wird. Dort wird der Gilgul als allgemeines Weltgesetz betrachtet. Nur der wirklich Fromme ist davon befreit. Allerdings kann er zum Wohl der Welt nochmals auf die Erde geschickt werden. Ebenfalls werden in den Tikkunim regelrechte Inkarnationsketten erwähnt. So hätte Kain Abel ermordet, weil dieser in einer Vision der Schechina eine unreine Vorstellung gehabt hätte. Durch diese falsche Beziehung zum Göttlichen mußte er sterben. Zudem hätte man um Abels Zwillingsschwester gestritten. Abel sei in Moses wiedergekehrt, der im Dornbusch eine reine göttliche Vision erfahren hätte. Kain hätte sich in Jethro verkörpert. Jethros Tochter, die Moses heiratete, sei die Reinkarnation von Abels Zwillingsschwester.[68] Bei Vital, der auch praktizierender Exorzist war, wird die Seelenwanderung zentrales Thema. Sein Tor der Gilgulim wie sein Sefer ha-Gilgulim werden zur Basistheorie aller Austreibungen. Das mystisch-magische Mittelalter wich im 16. Jahrhundert der Neuzeit unter gewaltigen Schmerzen. Auf Scheiterhaufen brannten vermeintliche Hexer und Hexen, sogar Katzen. Die christlichen und jüdischen Exorzisten teilten sich geradezu den Fundus des auszutreibenden Übels auf. Während man bei den christlichen Austreibungen eher dem Teufel und Dämonen zu Leibe rückte, waren es bei den Juden meist die irrenden Seelen der Toten. Die Bessesenheit von Geistern verschmolz mit der Lehre von der Seelenwanderung. Seelen, die wegen ihrer Sünden nicht weiter wandern, sondern Zuflucht suchen, wurden durch Austreibung erlöst. Das Wort Dibbuk für den hineingefahrenen Geist kam erst um 1680 in Wolhynien in Gebrauch. Es leitet sich von Dibbuk me-Ruach-ra (Umklammerung durch einen bösen Geist) ab. Die Umklammerung wurde zum Synonym für den Geist.

66 Chajim Vital, Scha'ar ha-Gilgulim, Jerusalem 1981.
67 Zohar II, 95a–109b.
68 Zohar, Tikkune ha-Zohar Nr.69.

Protokolle solcher Austreibungen gibt es bis ins 20. Jahrhundert. Diese unterscheiden sich drastisch von den vielen, meist anonymen Dibbuk-Geschichten durch oft peinliche Genauigkeit. Sie enthalten Zeitangaben und sind ein wörtlicher Mitschnitt der Austreibung, die durch Unterschriften bestätigt wurde. Veröffentlicht wurden diese Texte meist, um die Juden zur Gebotserfüllung zu bringen. Wie erkennt man überhaupt einen Besessenen?[69] Oft sind Leute besessen und merken es nicht, da es keinerlei Krankheitsanzeichen gibt. Ein Anzeichen für Besessenheit sind z. B. übernatürliche Kräfte, ein Gefühl der Schwere, Zittern, unkontrollierte Gesichtsmuskulatur, Kopfschmerzen, Herzstiche, glänzende Augen, Augenrollen und unmenschliche Geräusche. Manche sollen wie Lämmer geblökt oder wie Hunde gebellt haben. Nur sollte man sich von Epileptikern nicht auf eine falsche Fährte locken lassen. Der Dibbuk läßt die Besessenen springen, bis ihnen alle Knochen brechen oder sie in unbekannten Sprachen reden. Falls also jemand plötzlich das Talent zum Maler oder Kantor entdeckt und Dinge weiß, die er eigentlich nicht wissen kann, kann man sicher sein, daß hier ein Dibbuk am Werk ist. Sehr groß sollen diese Geister nicht sein. Seltsam ist es, daß sie einen physischen Körper haben sollen, der etwa die Größe eines Eis oder einer Bohne hätte. Sie sprechen daher meist durch das Herz und nicht durch die Kehle, da sie Angst haben, schlicht ausgespuckt zu werden. Die Beziehungen zum Gastkörper gestalten sich oft kurios. So untersagen sie dem Besessenen zu rauchen oder Bier zu trinken, weil sie das im Leben auch nicht mochten. Durch eine Mezuza im Haus kann man sich vor einem Dibbuk schützen. Aber wie es im bekannten Bühnenstück von An-Ski treffend heißt, der „Wurm dringt nur in eine faule Frucht."[70]
Sündige Menschen sollen besonders gefährdet sein, wobei beim Zeitpunkt des Eintretens Nervosität oder Angst dem Dibbuk dienlich sind. Der Mund, die Kehle und die Geschlechtsteile sind bevorzugte Eingänge. Hierbei ist zu erwähnen, daß ein Dibbuk überall in den Körper eintreten kann. Nach den Protokollen sind die Betroffenen meist Mädchen in der Pubertät, Frauen, die kurz vor der Heirat stehen oder gerade geheiratet haben, oder junge Männer. Ca. 90 Prozent der Dibbukim sind männlich. Eine psychologische Analyse des Dibbuk-Phänomens steht

69 Zum Dibbuk-Phänomen: G. Nigal, Northvale o.J.
70 An-Ski, Der Dibbuk, Frankfurt a. M. 1989, S.50.

noch aus. Erst seit den Kabbalisten in Safed sind die Namen der jüdischen Exorzisten bekannt. Die früheren sind anonym geblieben. Neben Chajim Vital und seinem Sohn Samuel war Salomo Alkabetz, der Dichter des Schabbatliedes *„Lecha Dodi"* ein prominenter Austreiber. Zu den späteren Exorzisten zählen Jonathan Eibeschütz, der Baal Schem Tov sowie Abraham ha-Kohen Kook und Jehuda Petaya[71] in diesem Jahrhundert. Die Exorzisten mußten sich auf die Austreibung rituell vorbereiten. Tauchbäder, Fasten, Verbot von Geschlechtsverkehr und profanen Reden waren dazu nötig. Dabei ist zu sagen, daß mitunter die Exorzisten aus verschiedenen Religionen zusammenarbeiteten. Petaya erzählt von einem muslimischen Exorzisten, der seine Patientin an einen christlichen Priester verwies, weil sie von einem christlichen Dämon besessen sei, den er nicht bannen könnte.
Zu den klassischen Methoden der Austreibung gehören die Verwendung von bestimmtem Räucherwerk, Rezitation von Kombinationen göttlicher Namen und das Blasen des Widderhorns, des Schofars. Bei der Austreibung erzählt der Dibbuk mitunter ganze Lebensgeschichten:

> „Er hieß Jakob. Nach dem Tode kamen die Engel der Zerstörung und rissen ihm mit ihren Hörnern die Seele aus dem Leib. Sie erlaubten ihm nicht einmal den Zutritt zur Hölle, sondern lieferten ihn an einen Teufel in Mischgestalt von Hund und Kalb aus. Zusammen mit anderen bösen Geistern und Teufeln verschlang ihn dieser mehrfach und spuckte ihn immer wieder aus. Dann zerrieben ihm die bösen Geister Leib und Seele zwischen Mühlsteinen. Hernach fügten sie ihn wieder zusammen und verbannten seine Seele in ein Schwein, also in ein unreines, das heißt vom mosaischen Gesetz für den Genuß verbotenes Tier. Nachher aber durfte er in ein Rind, also ein reines Tier, eingehen, und er freute sich schon, denn er hoffte, er werde dann durch den Segensspruch des Schächters erlöst werden. Aber das Rind wurde von einem Nichtjuden geschlachtet. Von dort entrann er als nackte Seele in einen Keller, wo er auf die ebenfalls nackte Seele jener Sünderin stieß, mit der er sich zu Lebzeiten herumgetrieben hatte. In diesem Augenblick kamen zwei Mädchen

71 Siehe: Jehuda Petaya, Minhat Jehuda (hebr.), Bagdad 1933 (enthält zahlreiche Beschreibungen von Austreibungen).

in den Keller, Zwillingsschwestern. Beide nackten Seelen versuchten, in die zwei Mädchen einzudringen. Doch die Seele der Frau machte das auf eine so dumme Weise, daß das Mädchen dabei starb. (...) Ihm aber war es gelungen."[72]

Anhand der Schriften des Exorzisten und Kabbalisten Vital können wir das kabbalistische System Isaak Lurias aufzeigen: Stark beeinflußt durch die zeitlichen Umstände versuchte er eine Antwort auf die Not der Juden im Exil zu geben. Er beantwortete die drängenden Fragen nach der Ursache des Bösen. Seine Lehre gab ihrem Dasein einen tieferen Sinn, da darin das Exil zur heilsbringenden Mission und der Jude der Diaspora zum Helfer im göttlichen Plan wurde. Luria ging von der Fragestellung aus: Wenn Gott vollkommen und überall ist, so kann es ja kein Nichts geben. Folglich mußte der erste Teil der Schöpfung kein Aus-sich-heraustreten, sondern ein Hinabsteigen in Gott selbst gewesen sein. Er zog sich auf sich selbst zurück, komprimierte einen Teil seiner Wesenheit und gab so einen mystischen Raum frei, in dem er dann die Schöpfung vollzog. Luria nannte dies „Selbstverschränkung Gottes" (hebr. Zimzum). In diesem Urraum blieb aber noch eine Spur des göttlichen Lichts, Reschimu, zurück, so wie in einer leeren Wein- oder Ölflasche immer noch eine Spur des Inhalts zurückbleibt. Der erste Lichtstrahl Gottes, der in den von ihm freigelassenen Urraum fiel, schuf den Urmenschen, Adam Kadmon, aus dessen Körperöffnungen die Sefirot in ihrer Gesamtheit heraussprühten. Doch aus Adams Augen schossen die Sefirot getrennt als Punkte hervor, wodurch die *Olam ha-Tohu* (Welt der Verwirrung) entstand. Eigens dafür geschaffene Gefäße sollten das Licht aufnehmen. Die Schalen für die drei höchsten Sefirot (Keter, Chochma, Bina) konnten das Licht aufnehmen, doch die unteren Schalen, die die anderen Sefirot (Gewura, Rachamin, Tiferet, Jessod, Nezach, Hod, Schechina) auffangen sollten, konnten der gleichzeitig hervorbrechenden Gewalt des Lichtes nicht widerstehen und das Licht in den Gefäßen bewahren. So zerbrachen sie unter der Kraft des göttlichen Lichtes. Dieser Vorgang wird als „Bruch der Gefäße" (hebr. Schebirat ha-kelim) bezeichnet. Es entstanden neue

72 Ma'ase schel ruach be-kehila kedoscha Koretz, zitiert nach: Salcia Landmann, Dibbuk-Exorzismen in der jüdischen Tradition, in: An-Ski, Der Dibbuk, S.111–112.

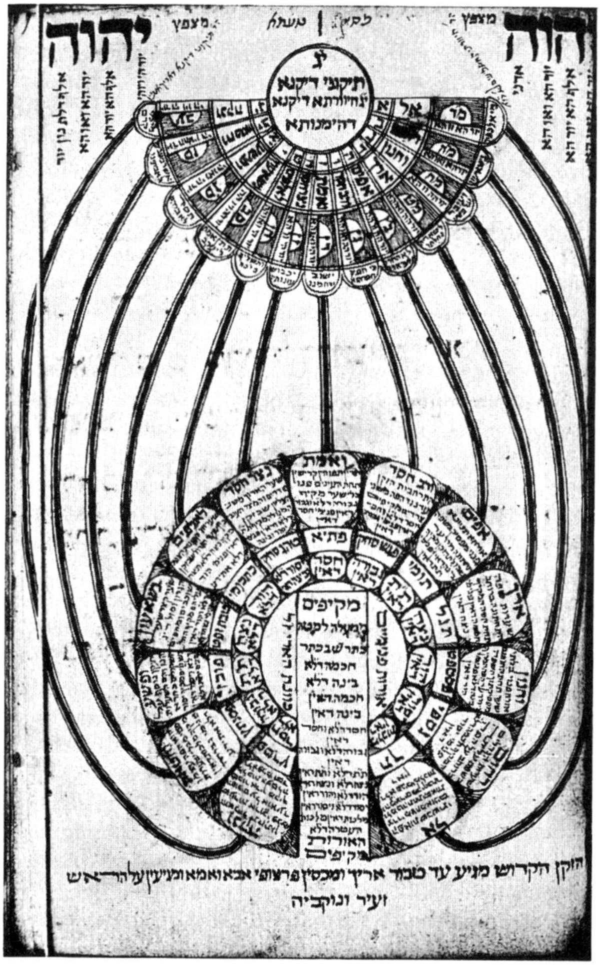

Dreizehn Middot, New York, Jewish Theological Seminary

Strukturen. In diesen Parzufim (Angesichter) entfalteten verschiedene Sefirot-Gruppen ihre Aspekte. Dies erklärt Vital in seinem äußerst komplizierten *„Tor der Gesichter"*. Die oberen drei vom Bruch nicht beeinträchtigten Sefirot wirken als einzelne Parzufim: Keter erscheint in dem dreiköpfigen „Langgesichtiger" (hebr. Arich anpin) bzw. als „Heiliger Alte" (hebr. Attika kadischa). Manchmal wirken diese als zwei verschiedene Aspekte dieses Parzufs. Chochma und Bina werden zu Vater und Mutter (hebr. Abba we-Ima). Diese zwei sind die Wurzel aller Vereinigungen. Die nächsten sechs Sefirot, deren Schalen zerbrochen waren (Tiferet und fünf weitere), erscheinen als „Kleingesichtige" (hebr. Ze'eir anpin). Die Schechina wird zur „weiblichen Seite von Ze'eir" (hebr. Nukba de-Ze'eir). Durch den Prozeß innerhalb der Sefirot entstanden vier Welten, die die Parzufim wiederum enthalten: Welt der Emanation (hebr. Azilut), die Welt der Schöpfung (hebr. Beria), die Welt der Formung (hebr. Jezira) und die Welt der Handlungen (hebr. Asija). Diese vier Welten werden mit den einzelnen Buchstaben des Tetragrammatons bezeichnet. Durch gematrische Berechnungen erhalten wir eine andere Struktur des Tetragrammatons. Diese gliedert sich in vier Gottesnamen, die aus 72, 63, 45 und 52 Buchstaben bestehen. Sie werden nach ihrem Zahlenwert abgekürzt.[73] So wirkt der Gottesname in all seinen Permutationen als kreative Kraft des Universums. „Adam Kadmon" wird teilweise auch als Welt verstanden. Er entspricht „Arich anpin" und damit „Keter". Bei dem Bruch der Gefäße strömte das Licht nach oben zurück, aber einige Funken des göttlichen Lichtes blieben an den Scherben der zerbrochenen Gefäße hängen und fluteten nach unten. Man spricht von 288 Funken. Der bereits erwähnte 72-buchstabige Gottesname wird mal vier, gemäß der vier Gottesnamen der vier Welten, multipliziert. So erhält man die Zahl 288. Aus den geborstenen Schalen entstand die dämonische, böse Gegenseite, die *andere Seite*, in dessen Inneren aber noch die heiligen Funken leuchten und auf Erlösung aus ihrem Exil hoffen. Die Einsammlung und Aufhebung der göttlichen Funken (hebr. Ha'alat nitzotzin), geschieht nicht allein durch Gott. Die Restauration der göttlichen Welten (hebr. Tikkun) kann erst durch den Menschen vervollständigt werden. Durch ein Leben im Geist der Tora, durch Gebet und Gebotserfüllung kann

73 Lawrence Fine, The contemplative Practice of Yihudim, in: Jewish Spirituality, from the Sixteenth-Century Revival to the Present, hrsg. von Arthur Green, London 1987, S.84.

der fromme Jude so zu einer Hilfe Gottes werden. Die halachischen Regeln erfahren somit eine hohe symbolische Bedeutung. In diesem kosmischen Drama bedeutet die Einhaltung der Gebote Wiederherstellung der Harmonie in den göttlichen Welten. Jeder Verstoß gegen die Halacha führt somit zu einer Erstarkung der *anderen Seite* und die Erlösung läßt weiter auf sich warten.[74] In einer gigantischen Mikro-Makrokosmos-Szenerie spiegeln die exilierten göttlichen Funken das jüdische Exil wider. Somit wird auch verständlich, warum gerade die Lehre der Seelenwanderung in Safed so bedeutend wurde. Alles ist im Fluß, die Funken und die Seelen wandern, alles hofft auf Erlösung. Dazu trat eine merkwürdige Seelenlehre. Jede menschliche Seele sei nur ein Splitter der Seele des Uradam. Der Mensch müsse durch Gebotserfüllung seine geistige Urgestalt wiederherstellen, wobei die 613 Gebote der Tradition den 613 geistigen Gliedern des Uradam entsprechen. Die obere Welt spiegelt sich wiederum in der unteren Welt wider: Die 248 Glieder und 365 Adern des Uradam entsprechen den 248 positiven und 365 negativen Geboten, die 10 Sefirot den 10 Geboten.
Gerade in der lurianischen Kabbala kann man sehen, wie tief die kabbalistischen Ideen mit den traditionellen Werten des Judentums verbunden sind. Losgelöst von Gebet und Gebot müssen sie nur noch seltsam und befremdlich wirken. Eigentlich sollten diese geheimnisvollen Lehren verborgen bleiben. Vitals Schüler unterschrieben folgendes Dokument:

> „Wir wollen mit ihm die Kabbala studieren und getreulich alles, was er uns sagt, behalten und niemandem außer uns irgend etwas von den Mysterien mitteilen, die wir aus seinem Munde vernehmen werden.“[75]

Aber es sollte anders kommen. Vital erkrankte. Sein Bruder verkaufte ohne dessen Wissen Teile seiner Manuskripte, um Medizin zu besorgen. Sie wurden wieder und wieder abgeschrieben, wodurch lurianische Ideen in Umlauf kamen. Israel Sarug (gest. ca.1590) war ein italienischer Kabbalist. Er lernte durch solche Abschriften Lurias Lehre kennen. Er wurde zum Hauptpropagandisten der lurianischen Lehre,

74 Louis Jacobs, The Uplifting of Sparks in Later Jewish Mysticism, in Green, Jewish Spirituality, S.99–127.
75 Scholem, Jüdische Mystik, S.281.

wobei er sie mit eigenen Gedanken verwob.[76] Scholem bezeichnete Sarugs Zusätze als „eine Art von Platonismus".[77]
Unterstützt wird diese Theorie, da Jehuda Arie Modena über Sarug schrieb:

> „Und ich habe auch aus dem Munde des Kabbalisten r. Israel Sarug, eines besonderen Schüler Lurias, gesegnet sei sein Andenken, gehört, (...) daß es keinen Unterschied zwischen Kabbala und Philosophie gibt. Und alles was er zur Kabbala lehrte, interpretierte er durch Philosophie."[78]

Alexander Altmann bestritt Scholems Ansatz, indem er darauf hinwies, daß es nicht genügend Hinweise dafür in Sarugs Schriften gäbe.[79] Moshe Idel wiederum differenzierte, daß Sarug offenbar von Giordano Brunos (1548–1600) atomistischer Theorie beeinflußt war.[80] Sarug kam 1592 nach Venedig, wo Bruno im selben Jahr angezeigt wurde. Sarug unterscheidet sich von Luria durch die Einführung einer Zwischenstufe zwischen dem Zimzum und der Bildung des Adam Kadmon. Sarug, der für die Gematria eine große Vorliebe hatte, bezeichnete diese Zwischenstufe als Malbusch. Sie sei eine göttliche Kraft, die aus Buchstabenkombinationen gebildet wurde. Sie würden eine Art von Ur-Tora bilden.[81] Der sehr populäre Sarug hatte im Gegensatz zu Vital keine Scheu davor, daß seine Gedanken Verbreitung fanden. So erschienen einige Deutungen noch vor Vital im Druck. Die „lurianische Kabbala", die eigentlich aus Vitals und Sarugs kabbalistischen Lehren besteht, verbreitete sich ab dem Ende des 16. Jahrhunderts. Da sie durch ihre historischen Bezüge und ihre mythischen Bilder den Zeitgeist getroffen

76 Sarugs Hauptwerk sind die Limude' Azilut („Lehren über die Emanation"), verfaßt ca. 1598, Munkacz 1897.
77 Scholem, Jüdische Mystik, S.282; siehe: Gershom Scholem, Israel Sarug – Disciple of Luria? (hebr), in: Zion 5 (1940), S.214–243.
78 Moshe Idel, Differing Conceptions of Kabbalah in the Early 17th Century, in: Jewish Thought in the Seventeenth Century, ed. by Isadore Twersky and Bernard Septimus, Cambridge, Mass. / London 1987, S.179.
79 Alexander Altmann, Some Remarks on the Evolution of R. Menachem `Azariah of Fano's Kabbalistic Doctrine (hebr.), in: Y. Tishby's Festschrift, Jerusalem 1984, S.255–256.
80 Idel, Differing Conceptions, S.178ff.
81 Idel, Differing Conceptions, S.179–181.

haben mußte, verbreitete sie sich durch die gesamte Diaspora. Liturgie und Brauchtum wurden beeinflußt, wobei die Schabbathymne Lecha dodi die bekannteste der aufgenommen Riten ist.[82] Der Zohar hatte asketische Riten des Simeon bar Johai beschrieben. Geht man davon aus, daß diese Riten fiktiv sind und von Moses de Leon erfunden wurden, geschah hier in Safed etwas geradezu Phantastisches. Für die Kabbalisten waren dies antike Riten des Weisen Simeon bar Johai und seiner Getreuen. Sie übernahmen sie ins wirkliche Leben, um ihm nachzustreben. Später waren sie so sehr in der jüdischen Tradition verwurzelt, daß kaum jemand mehr weiß, daß sie aus Safed bzw. aus dem Zohar stammen. Das Fasten der Erstgeborenen vor Pesach, die nächtlichen Klageriten um das Exil der Schechina, das Sprechen des Gebetes Brich schmei (Gesegnet sei sein Name) beim Ausheben der Torarolle oder die Nachtwachen vor Schavuot (Tikkun leil schawuot) und Hoschana Rabba[83] sind Beispiele dafür. Die kabbalistischen Zusätze, die in die Gebetbücher aufgenommen worden sind, wurden selbst nach dem Bann gegen die Sabbatianer im 17. und 18. Jahrhundert und der damit im Zusammenhang stehenden antikabbalistischen Haltung vieler Rabbiner nicht wieder gestrichen.[84] Bücher mit langen Reihen von Ritualvorschriften sorgten für die Verbreitung von lurianischen Gebräuchen wie das Werk des Frankfurter Kabbalisten Naphtali Zwi Bacharach, „*Emek ha-Melech*“ (Tal des Königs).[85] Er war von Sarugs Richtung geprägt und legte den Hauptakzent auf die Dämonologie. *Die andere Seite* wurde sein zentrales Thema. Durch Bacharach oder der *SCHeLaH*, den *Schenei luchot habrit* (Zwei Bundestafeln), des Frankfurter und Prager Rabbiners Jesaja Horowitz wurde lurianisch-kabbalistisches Gedankengut in weite Kreise getragen. Kurzfassungen[86] unterstützen die Verbreitung dieser Schriften, die voll von Aufrufen zu Askese und Umkehr sind:

82 Siehe: Elliot K. Ginsburg, The Sabbath in the Classical Kabbalah, Albany 1989.

83 Siehe: Gershom Scholem, Tradition und Neuschöpfung im Ritus der Kabbalisten, in: ders., Zur Kabbala und ihrer Symbolik, Frankfurt a.M. 1973, S.159–209.

84 Stefan C. Reif, Judaism and Hebrew Prayer, Cambridge 1995, S.248.

85 Naphtali ben Jakob Bacharach, Emek haMelech, Amsterdam 1648, Bl.15–21.

86 Meil Shmuel, hrsg. von Samuel Ottiling, Venedig 1705; Mezaref la-Kessef, hrsg. von Salomo Zoref, Fürth 1881; Kizur Shelah, hrsg. von Jechiel Michael Epstein, Fürth 1883.

„Und wohl dem, der sich in Sack und Asche hüllt, seine Sünden beweint und beklagt und sie weinend und gesenkten Hauptes bekennt, und sich niederbeugt, bis die Wirbel knacken, und damit erfüllt er das Wesen der Buße, das in den Anfangsbuchstaben der Worte liegt: Fasten, Sack und Asche, Weinen, Trauerrede.“[87]

Dämonenfurcht und die Abkehr der bösen Kräfte der *anderen Seite* machten sich breit. Es bildeten sich fromme Bruderschaften, die sich durch asketische Andachtsübungen auszeichneten. Kabbalistische Wanderprediger zogen umher und schürten die messianischen Spannungen und Hoffnungen. In Frankfurt wirkte R. Naphtali b. Isaac Ha-Cohen Katz (1645–1719) als Baal Schem (Meister des Namens). Ein Baal Schem ist ein praktischer Kabbalist, der mit Hilfe von Amuletten, die Kombinationen von Gottesnamen enthalten, versucht Menschen zu helfen.[88] Katz, der mit Feuerabwehramuletten experimentierte, verursachte unabsichtlich den Frankfurter Ghettobrand von 1711.[89]

„So viel ist unstrittig und offenbar, daß das Feuer in des Rabbiners Haus, so rechter Hand etwas oberhalb gegen der Synagog über gestanden, angegangen (...). Von unseres Gasverbrenners R. Naphtali Ursprung und Lebensart kann ich dem geneigten Leser folgende curieuse Nachricht mittheilen: (...) Als aber einstens ein Jud, so ein gewaltiger Baal Schemos und Cabbalist war, durch die Ukraine reiste und viele Proben seiner cabbalistischen Künsten, mit Hervorbringung wunderseltsamer Dinge zeigte, gefiel solches dem R. Naphtali so wol, daß er ihn bey sich hielte und von ihm unterrichten ließ...“[90]

87 SHeLaH, Kap.421, S.1, Amsterdam 1698, die Anfangsbuchstaben der hebräischen Worte Taanit, Sak wa-Efer, Bechia, Hesped ergeben Tschuwa, Umkehr.

88 Yehuda Liebes, A Profile of R. Naphtali Katz from Frankfurt and His Attitude Towards Sabbateanism, in: Mysticism, Magic and Kabbalah in Ashkenazi Judaism, hrsg. von Karl Erich Grözinger und Joseph Dan, Berlin / New York 1995, S.208–222.

89 Karl E. Grözinger, Jüdische Wundermänner in Deutschland, in: Judentum im deutschen Sprachbereich, hrsg. von Karl E. Grözinger, S.190–191.

90 Johann Jacob Schudt, Jüdische Merckwürdigkeiten, Frankfurt / Leipzig 1714, zitiert nach der Auswahl „Von der Franckfurter Juden Vergangenheit“, ausgewählt von Efraim Frisch, Berlin 1934, S.17–18.

Italien[91] und Polen wurden Zentren lurianischer Kabbalisten. 1587 erschien in Italien das erste im Geiste des Zohar überarbeitete Gebetbuch.[92] Bei den polnischen Kabbalisten, die meist bei den italienischen Kabbalisten gelernt hatten, spielte die Beschäftigung mit der Seelenwanderung, dem Bösen und der Dämonologie eine entscheidende Rolle.[93] Die Beschäftigung mit den dämonischen Seiten der Kabbala beeinflußte das Gedankengut und die Folklore der polnischen Juden bis hin zu den Schriften eines Isaac Bashevis Singer im 20. Jahrhundert. 1660 schrieb der polnische Kabbalist R. Jakob b. Moses Temerles über die Verbreitung der kabbalistischen Lehren:

> „Sie haben sich nach allen Seiten ausgebreitet (...). Sie sind in den Gassen bekannt (...) und die Erde ist voller Wissen. Wahrhaftig, alle, groß und klein, sind über die Mysterien des Herrn gut unterrichtet. Damit aber tröste ich mich in meinem Kummer: das große Streben und Verlangen unserer Zeitgenossen nach dieser verborgenen Weisheit zu sehen, und alle – Volk und Priester, klein und groß – verlangen danach, zum Mysterium des Herrn zugelassen zu werden und nach ihm zu leben. Gewiß bedeutet dies, daß unsere Rettung nah ist."[94]

Aus der Ideenwelt der lurianischen Kabbala mit ihren messianischen Elementen schöpfend, entstand die sabbatianische Bewegung vor dem Hintergrund der allgemeinen Krise des 17. Jahrhunderts. Lurias Lehren enthalten messianischen Sprengstoff, der sich in den Bewegungen eines Sabbatai Zwi und eines Jakob Frank entlud.

---

91 Siehe: Moshe Idel, Major Currents in Italian Kabbalah between 1560 and 1660, in: Essential Papers on Jewish Culture in Renaissance and Baroque Italy, ed. by David B. Ruderman, New York / London 1992, S.345–373.

92 Robert Bonfil, Jewish Life in Renaissance Italy, Berkeley 1994, S. 170–171 (Gli Ebrei in Italia nell' epoca del Rinascimento, Firenze 1991), siehe auch Bonfils „Rabbis and Jewish Communities in Renaissance Italy", Oxford 1990.

93 Moshe Idel, „One from a Town, Two from a Clan" – The Diffusion of Lurianic Kabbala and Sabbateanism: A Re-Examination. In: Jewish History, ed. by Kenneth R. Stow, vol. 7, No. 2 Haifa Fall 1993, S.90.

94 Scholem, Sabbatai Zwi, S.102–103.

6. Sabbatai Zwi (1626–1676)

Was hat die lurianische Kabbala und ihr messianischer Mythos vom Exil der göttlichen Lichtfunken mit der aufsehenerregenden Bewegung des Sabbatai Zwi zu tun? Die Ideen der lurianischen Kabbalisten, vor allem die von Sarug, beeinflußten die Propagandaschriften von Sabbatai Zwis Propheten Nathan von Gaza (MaHARaN; 1643–1680). Einer der wesentlichen Unterschiede zu anderen messianischen Erhebungen ist der Umstand, daß sie nicht auf ein einzelnes Gebiet oder Land beschränkt blieb, sondern die Juden im Jemen, Persien, Kurdistan, Polen, Holland, Italien oder Marokko erfaßte. Ein nicht zu unterschätzender Faktor für die zunehmende Entfachung der messianischen Hoffnungen waren die grausamen Pogrome in Osteuropa. Ab 1591 begann eine Reihe von Kosakenaufständen, wobei es, wie 1637, zu Pogromen kam. Der große Kosakenaufstand wurde erst 1648 (nach jüd. Zählung 5408) unter Bogdan Chmielnicki (1595–1657)[95] entfacht, jenem Jahr, das nach einer Stelle des Zohar das Erlösungsjahr sein sollte[96]. Diese Zeit sollte als gezerot tach we-tat (Vertreibungen der Jahre 408 und 409) in die jüdische Geschichte eingehen. Durch den Kosakenaufstand, der sich gegen Polen und Juden richtete, wurden ca. 300 jüdische Gemeinden vernichtet und ca. 100 000 Juden auf grausame Weise ermordet, wie man in zeitgenössischen Chroniken lesen kann:

„Den einen zog man die Haut ab, um das Fleisch den Hunden vorzuwerfen, andere wieder wurden bei lebendigem Leibe begraben; schwangeren Frauen schlitzte man den Bauch auf, Säuglinge wurden auf Lanzen gespießt und den Müttern gereicht."[97]

95 Siehe: Bernard Weinryb, Hebrew Chronicles on Bohdan Khmel'nyts'kyi and the Cossack-Polish War, in: Harvard Ukrainian Studies, Bd. I. 1977, S.153–177; Joel Raba, Between Remembrance and Denial, the Fate of the Jews in the War of the Polish Commonwealth during the Mid-Seventeenth Century as shown in contemporary Writings and Historical Research, New York 1995.

96 Zohar I, 139b (Midrasch haNeelam).

97 Nathan Hannover, Yeven, S.45.

R. Sabbatai Scheftel Horowitz bezeichnete die Massaker als „dritte Tempelzerstörung".[98] Chmielnickis Reiterstatue ziert noch heute einen Platz in Kiew. Tossafot Yom Tov ben Nathan Heller verfaßte unter dem Eindruck der Massaker das Klagelied „El Male Rachamin". In Folge des sogenannten „Krieges der blutigen Sintflut" blieben von etwa 450 000 Juden in Polen 180 000 übrig.[99] Die Frage nach der Bedeutung der Chmielnicki-Massaker für den Ausbruch der sabbatianischen Bewegung ist bislang unterschiedlich beantwortet worden.[100] Ein Historiker wie Simon Dubnow vertrat die These eines unmittelbaren Einflusses. Scholem dagegen, der von den Methoden der Geistesgeschichte beeinflußt war, erklärte den Sabbatianismus phänomenologisch. Er schob Dubnows These beiseite, indem er behauptete:

> „Wenn die Massaker von 1648 auch nur in irgendeiner Hinsicht die Hauptursache waren, warum stand dann der Messias nicht inmitten der polnischen Juden auf? (...) Es ist kaum anzunehmen, daß die marokkanischen Juden durch die Massaker von 1648 besonders betroffen waren, von denen sie wahrscheinlich ohnehin nur wenig erfuhren."[101]

Natürlich hatten die Juden im Jemen oder in Marokko nichts oder nur sehr wenig von den Kosaken-Unruhen gehört. Aber alle jüdischen Gemeinden jener Zeit, ganz gleich ob sie blühten oder dahinvegetierten, hatten neben dem gemeinsamen Erbe der lurianischen Kabbala und der Hoffnung auf einen Messias eines gemeinsam: die Unsicherheit und Angst vor Verfolgungen. Ereignisse, wie die Wiederaufnahme der Juden in England 1656, die Vernichtung zahlreicher jüdischer Gemeinden während des 30jährigen Krieges (1618–1648) und der daraus resultie-

98 Shmuel Ettinger, Bogdan Chmielnicki, in: EJ, Jerusalem 1972, Band 5, S.483.
99 H. Roos, Polen von 1668–1795, in: Handbuch der europäischen Geschichte, Band 4, Stuttgart 1968, S.696–698.
100 Siehe: Jacob Barnai, The Outbreak of Sabbateanism: the East European Factor, in: The Journal of Jewish Thought and Philosophy 4 (1994), S.171–183.
101 Scholem, Sabbatai Zwi, S.24.

rende Strom verzweifelter Flüchtlinge[102], hielten das messianische Feuer am Lodern. Darüber hinaus sollte man die Frage stellen: Was bedeuteten die Massaker in der Ukraine für Sabbatai Zwi? In den türkischen Häfen hatte er Opfer der Aufstände gesehen, die durch türkische Juden von den Tartaren freigekauft wurden. Die Unruhen waren für Sabbatai Zwi ein Zeichen der Geburtswehen des Messias. Daneben sagte Sabbatai Zwi, daß der Messias ben Joseph, der leidende Messias, der dem Messias ben David nach der Tradition vorangeht, ein Opfer der Massaker namens Abraham Zalman gewesen sei. Und schließlich heiratete Sabbatai Zwi Sara, die die Massaker erlebt hatte und von sich sagte, sie würde die Frau des Messias werden. All das waren Punkte, die für das Selbstverständnis Sabbatai Zwis nicht unerheblich waren.

Er wurde 1626 in Smyrna geboren, in einer Zeit, in der das osmanische Reich bereits den Zenit seiner Blüte überschritten hatte.[103] Er erhielt eine traditionelle Ausbildung und lernte bei R. Joseph Eskapha. Er wurde mit 18 Jahren Chacham („Weiser“, die sephardische Bezeichnung für Rabbi). Doch er trat in keiner Gemeinde ein Amt an. Seine Familie kam stattdessen für seinen Unterhalt auf. Bereits in jener Zeit zeigte sich bei ihm neben einer heftigen Neigung zur Askese eine geradezu exzentrische Frömmigkeit. Er vertiefte sich ohne die Anleitung eines Lehrers in kabbalistische Schriften. Vor allem studierte er den Zohar. Daneben faszinierte ihn das *„Sefer ha-Kana“*, das den Sinn der Gebote kabbalistisch deutet. Paradoxerweise stieß er erst Jahre später auf die lurianische Gedankenwelt. Seine Umwelt war dagegen deutlich von der lurianischen Welt mit ihren messianischen Implikationen geprägt, ohne die die messianische Erhebung keinen großen Widerhall gefunden hätte. Zeitzeugen berichteten über Sabbatai Zwis seltsame ekstatische Ausbrüche, auf die meist Phasen tiefster Melancholie folgten. Er schwankte zwischen erschütternden Depressionen und höchsten Euphorien hin und her. Samuel Gandur, ein Anhänger Sabbatai Zwis, schrieb 1665:

102 Siehe: Yosef Kaplan, Jewish Exiles from Ashkenaz and Poland in Amsterdam during the thirty Year War and the Massacres of 1648–1649 (hebr.), in: Culture and Society in Jewish Medieval History: Memorial Volume for H.H. Ben-Sasson, ed. by Menachem Ben-Sasson, Reuben Bonfil, Yosef Hacker, Jerusalem 1989, S.587–622.

103 Joseph Nehama, Histoire des Israélites de Salonique, Saloniki 1959, Band 5, S.7–8, 55–98.

„Man sagt von ihm [Sabbatai Zwi], daß er seit 15 Jahren von Leiden folgender Art niedergedrückt wird: Es verfolgt ihn eine Depression, die ihm keine Ruhe läßt und ihm nicht einmal zu lesen erlaubt, ohne daß er zu sagen vermöchte, welcher Art dieser Angstzustand eigentlich sei, der über ihn gekommen sei. So nimmt er ihn auf sich, bis die Depression von seinem Sinne weicht, um dann in großer Freude zu seinen Studien zurückzukehren. Er leidet schon viele Jahre lang an dieser Krankheit, und kein Arzt weiß dafür eine Heilung, sondern sie gehört zu jenen, die vom Himmel [verhängt] werden."[104]

Später vollbrachte Sabbatai Zwi im Zustand der Euphorie wunderliche Taten, die zur Halacha im völligen Widerspruch standen. Diese absonderlichen Handlungen erwartete man nicht von einem jungen Chacham. Später nannten seine Anhänger sie Ma'asim sarim (befremdliche Handlungen). Seine krankhaften Euphorien wurden als Phasen der Erleuchtung bezeichnet.
Verwirrt durch die mythische Vielheit der kabbalistischen Welt der Sefirot versuchte Sabbatai Zwi herauszufinden, wo denn eigentlich unter dieser Fülle göttlicher Attribute der Gott Israels zu finden sei. Schließlich soll sich ihm in einer seiner Visionen sein „Gott des Vertrauens" offenbart haben. Er identifizierte ihn mit der Sefira Tiferet, die als Gottesnamen im Zohar das Tetragrammaton hat. Er entwickelte aber ein trinitarisches Gottesbild. Diese Trinität sind die drei Bänder oder Knöpfe des Glaubens, die auf Elementen aus dem Zohar beruhen: dem „heiligen Alten", dem „heiligen König" oder „Gott Israels" und der „höchsten Matrone" oder „Schechina". Die Idee der drei Bänder kann auch von sufistischen Orden beeinflußt worden sein. Sabbatai Zwi soll mit Niyazi Misri (gest.1697) bekannt gewesen sein, einem bedeutenden Mitglied des sufistischen Khalvatiyya-Ordens, und Sufiverse wurden bei den Riten der Dönme verwendet. Im sufistischen Bektaschi-Orden bilden Allah, Muhammad und Ali eine Art Trinität. Wie in den kabbalistischen Schulen so spielen auch in dem nach Hadjdji Bektasch (1247–1338)[105]

104 Zitiert nach Gershom Scholem, Sabbatai Zwi, der mystische Messias, Frankfurt a. M. 1992, S.154.
105 Dies könnte ebenso nur legendär sein, Georg Jacob vermutet, daß der tatsächliche Ordensgründer Balim Baba (gest.1516) gewesen ist: Die Bektaschijje in ihrem Verhältnis zu verwandten Erscheinungen, München 1900, S.24.

Sabbatai Zwi, aus *Ydele verwachtinge der Joden getoont in der Persoon van Sabethai Zevi* von Thomas Coenen, Arnst 1669, Jerusalem, J.N.U.L.

benannten Orden Zahlenspekulationen und die Seelenwanderung eine große Rolle.[106] Sabbatai Zwi begann nun etwas für die jüdische Tradition im Grunde Ungeheuerliches zu tun. Er kombinierte Buchstabenspekulationen zum Tetragrammaton und sprach diesen eigentlich unaussprechlichen Namen Gottes öffentlich aus. Diese Dinge hatten für ihn den Zweck der Restauration der göttlichen Harmonie. Außerdem behauptete er, daß die Patriarchen gekommen seien und ihn eingeölt hätten. Schließlich sei Elia erschienen und hätte ihn am 21. Siwan (11. Juni 1648) gesalbt. Dieser Tag wird übrigens bis heute bei den sabbatianischen Dönme als Fest gefeiert. Er verkündete, daß das messianische Zeitalter der Erlösung angebrochen sei. Die immer häufiger werdenden Aktionen des kuriosen Kabbalisten Sabbatai Zwi wurden immer mehr öffentliches Ärgernis. Er gewann dadurch keine Anhänger, geschweige denn, daß jemand in ihm den Messias gesehen hätte. Zwischen 1651 und 1654 wurde Sabbatai Zwi aus Smyrna verbannt. Zu seinen komischen Aktionen war noch ein Streit mit seinem ehemaligen Lehrer Eskapha hinzu gekommen. Sabbatai Zwi hatte gesagt, daß sein kleiner Finger größer sei als die Lenden Eskaphas. Er zog weiter nach Saloniki und Konstantinopel. Er wurde auch aus diesen Städten verbannt, als er wiederum seine Kombinationen des Gottesnamens aussprach. Er stellte Ritus und Liturgie völlig auf den Kopf. In Saloniki, damals immerhin die größte jüdische Gemeinde des osmanischen Reiches, feierte er eine Hochzeit mit einer Tora-Rolle. Ein anderes aufsehenerregendes Ereignis war die Feier von den drei Wallfahrtsfesten innerhalb einer (sic!) Woche.

Der Zohar hatte zwischen einer Tora der Schöpfung, die die Tora des Exils sei, und einer Tora der Emanation, einer Tora der geistigen Welt, die sich erst im messianischen Zeitalter offenbaren würde, unterschieden. Die alten Kabbalisten sahen in ihnen keinen inhaltlichen Widerspruch. Sie verstanden darunter vielmehr eine endzeitliche neue Deutung, bzw. ein völliges Verständnis der Tora. Aber bei Sabbatai Zwi wurde aus dieser Idee in antinomistischer Weise ein Gegensatz. Bei extremen Anhängern sollten sich Gebote in Verbote wandeln und umgekehrt. Um diese schwindelerregenden Gedanken traditionell zu untermauern, zogen sie z. B.

106 Annemarie Schimmel, Mystische Dimensionen, S.476, siehe das Standardwerk zum Bektaschi-Orden: John K. Birge, The Bektashi Order of Dervishes, London 1937 (reprint 1965).

eine Passage im Achtzehngebet heran. Durch eine andere Lesart wurde dort aus *Mattir Assurim* (der die Gefangenen befreit) *Mattir Issurim* (der das Verbotene erlaubt). Sabbatai Zwi erklärte seine Vorgehensweise folgendermaßen. Seit 1648 hätte die Schechina begonnen, sich aus dem Exil zu erheben. Dieser Prozeß sei nun beendet. Daher habe sich nun die Tora der Emanation, die Tora des messianischen Zeitalters, manifestiert. Viele Riten, wie die mitternächtlichen Trauergottesdienste um die Schechina, seien dadurch überflüssig geworden. Sabbatai Zwis ruheloses Wanderleben endete 1662, als er sich in Jerusalem niederließ. Dort fiel er durch seine asketischen Übungen dem jungen Talmudstudenten und Kabbalisten Nathan von Gaza auf, der von den Anhängern Sabbatai Zwis später „Heilige Leuchte" genannt werden sollte. Nach einem intensiven Studium lurianischer Schriften hatte Nathan Visionen, die er in einem Brief von 1667 beschrieb:

> „Während ich mich nun in Heiligkeit und Reinheit in einem besonderen Zimmer eingeschlossen und unter großem Weinen die Bußgebete des Morgengebets verrichtet hatte, kam der Geist über mich, meine Haare sträubten sich, meine Knie schlotterten, und ich schaute die Merkaba, und ich sah Visionen von Gott, den ganzen Tag über und während der ganzen Nacht, und wurde der wirklichen Prophetie gewürdigt wie irgendeiner der Propheten; die Stimme sprach zu mir und begann mit den Worten: So spricht der Herr. Und mit äußerster Klarheit prägte sich meinem Herzen ein, auf wen sich meine Prophetie bezog [das heißt auf Sabbatai Zwi] (...). Bis zum heutigen Tag hatte ich nie wieder eine so große Vision, sondern sie blieb in meinem Herzen verborgen, bis sich der Erlöser in Gaza selbst offenbarte und sich als den Messias verkündete; erst damals erlaubte mir der Engel zu verkündigen, was ich gesehen hatte."[107]

Sabbatai Zwi schien in der Zwischenzeit immer stärker zu fühlen, daß etwas mit ihm nicht ganz in Ordnung war. Er suchte Hilfe für seine seelischen Probleme. Durch einen Brief des Samuel Gandur erfuhr er, daß ausgerechnet Nathan anderen Menschen in geistigen Nöten helfen könne. Eine wirklich groteske Begegnung. Gershom Scholem geht soweit, von „Patient" und „Seelenarzt" zu sprechen. Doch

107 Scholem, Sabbatai Zwi, S.240–241.

der wahrscheinlich wirklich psychisch schwer kranke Sabbatai Zwi wurde von Nathan überzeugt, daß er der Messias sei. Dies sei der Grund für seine ungewöhnlichen Zustände. Nathan, der sich als der Prophet des Messias sah, initiierte die messianische Bewegung. Nathan schrieb um 1665 ein pseudepigraphisches Traktat, das angeblich ein gewisser R. Abraham im Mittelalter verfaßt hätte.

> „Siehe, Mordechai Zwi wird im Jahr 5386 [1626] ein Sohn geboren werden, und er wird Sabbatai Zwi genannt werden. Er wird den großen Drachen bezwingen und die Kraft der bissigen Schlange und die Kraft der gekrümmten Schlange aufheben. Er wird der wahre Messias sein. (...) Sein Königreich wird ewig währen, und es gibt außer ihm keinen Erlöser für Israel." [108]

Sabbatai Zwis psychisches Auf und Ab wurde von Nathan in weiteren kabbalistischen Schriften in mythischen Bildern messianisch gedeutet wie in seinem *„Drusch ha-Tanninim"* (Abhandlung über die Drachen) aus dem Sommer 1666. Beim Bruch der Gefäße sei die Seele des Messias ins Reich des Bösen hinabgestürzt. In dieser Welt der Schalen (hebr. Kelippot) lebt sie zusammen mit den Schlangen. Das Ringen des Messias mit den Schlangen versinnbildlicht die geistigen Kämpfe des Sabbatai Zwi während seines Wechsels zwischen Euphorie und Depression. Spätere Handlungen wie Sabbatai Zwis Apostasie werden mit Hilfe dieses Schemas für Nathan erklärbar. Die Messiasseele muß tief in die Welt der Schalen hinabsteigen und befremdliche Dinge tun. Lurianische Symbolik, traditionelle und volkstümliche Apokalyptik wurden von Nathan verwandelt, um seine messianische Lehre zu verbreiten und ihre positive Aufnahme zu sichern. Er, der „Prophet aus dem Heiligen Land", bestätigte durch seine Präsenz die Glaubwürdigkeit des Messias. Nathan rief zum Gebet und zur Umkehr auf. Der erste Höhepunkt der messianischen Bewegung sollte in Nathans Heimatstadt Gaza stattfinden. Am 17. Siwan (31. Mai) 1665 wurde Sabbatai Zwi in Gaza als Meschiach Elohei Jaacov (der Gesalbte des Gottes Jakobs) ausgerufen. R. Jakob Najara und die gesamte versammelte Gemeinde huldigte ihm. Er wählte 12 rabbinische Gelehrte als Repräsentanten der 12 Stämme aus. Natürlich veränderte er, der vermeintliche Messias, erneut Liturgie

108 Scholem, Sabbatai Zwi, S.257.

und Brauchtum. Die Mehrheit der Rabbiner Jerusalems lehnten ihn jedoch ab und bannten ihn im Sommer 1665. Bedingt durch die große Erlösungshoffnung der Juden verbreitete sich die Bewegung von Smyrna über Safed nach Damaskus und Aleppo. Die Messiassehnsucht führte in Städten wie Damaskus zu Massenhysterien. So konnte es vorkommen, daß sich fanatisierte Anhänger zu Boden warfen und Prophezeiungen stammelten. Zu all dem Aufruhr machte eine Fülle von märchenhaften Gerüchten die Runde. So hörte man von sagenhaften Eroberungen durch die wiedergekehrten verlorenen 10 Stämme. Zu all dem kam, daß man dachte, daß durch die Ankunft des Messias die Gebotserfüllung nur noch als „geistige Betrachtung" zu verstehen und die Möglichkeit einer praktischen Befolgung unmöglich geworden sei. So drehte Sabbatai Zwi die Regeln der Halacha, ganz wie es ihm gerade in den Sinn kam. Diese „gebotenen Übertretungen" galten als Zeichen der nun beginnenden messianischen Zeit. Er legte den Schabbat auf den Montag, rief Frauen zur Toralesung auf und aß öffentlich rituell verbotene Speisen. Außerdem teilte er die Welt unter seinen Brüdern Elia und Joseph auf. Er ernannte sie zum König der Türkei und Kaiser von Rom. Maßlose Überteibungen, die schriftlich und mündlich verbreitet wurden, wie die Behauptung, daß alle christlichen Kirchen in die Erde versunken seien, taten ihr übriges, um die Aufregung weiter zu entfachen. In einem Brief Nathans vom September 1665 erklärte er den ersten Teil der Veränderungen, die in den „verborgenen Welten" durch den Beginn der Erlösung stattgefunden hätten. Er kündigte Konsequenzen für die praktischen Anwendungen der kabbalistischen Lehren an. Im weiteren Verlauf des Briefes erzählte Nathan auch den Verlauf der Geschehnisse, bis die Erlösung erreicht sein wird: Sabbatai Zwi würde kampflos den türkischen Sultan entmachten. Nach fünf Jahren würde er schließlich zum legendären Fluß Sambatyon gehen und die 13jährige Tochter Rebekka des wiedererweckten Moses heiraten. Er zog immer mehr Menschen, Rabbiner, Gelehrte und einfache Juden, in der ganzen Diaspora an. Viele verkauften ihre ganze Habe trotz kritischer Stimmen wie die des Hamburger Rabbiners Jakob Sasportas (1610–1698). So findet man in den Erinnerungen der Hamburger Jüdin Glückel von Hameln (1645–1724) folgende Beschreibung:

> „Manche haben Haus und Hof und alles Ihrige verkauft, da sie hofften, jeden Tag erlöst zu werden. Mein sel. Schwiegervater (...) hat sein Haus und seinen

Hof und alle guten Hausgeräte (...) stehen lassen und seine Wohnung nach Hildesheim verlegt. Von dort hat er uns hierher nach Hamburg zwei große Fässer mit Leinenzeug geschickt; darin waren allerhand Speisen (...) und alles, was sich gut hält. Denn der alte Mann hat gedacht, man würde ohne weiteres von Hamburg nach dem Heiligen Lande fahren. Diese Fässer haben wohl länger als ein Jahr in meinem Hause gestanden."[109]

Sabbatai Zwi kehrte nach einem Aufenthalt in Aleppo im September 1665 nach Smyrna zurück. Vor Jahren hatte man ihn als verrückten Kabbalisten aus der Stadt gejagt. Nun war er triumphal heimgekehrt. Er besetzte eine Synagoge, in der sich Gegner verschanzt hatten. Als man von ihm verlangte, er solle als Messias doch ein Wunder tun, gab er eine äußerst schlagkräftige Antwort. Das Wunder würde sein, daß sie ihn auch ohne ein Wunder als Messias huldigen würden. Das Wunder geschah wirklich. In diesen aufsehenerregenden Tagen setzte Sabbatai Zwi sogar das endgültige Datum der Erlösung fest. Es sollte der 15. Siwan 5426 (18. Juni 1666) sein. Das Jahr 1666 war auch in christlich-chiliastischen Kreisen bedeutend: Nach einer Auslegung von Offenbarung 13 sollte 1666 entsprechend der dort genannten „Zahl des Tieres 666" das Erlösungsjahr mit der Wiederkehr Jesu sein.
Die blühende Handelsstadt Smyrna verwandelte sich durch Sabbatai Zwi in ein tosendes Chaos. Das städtische Treiben versiegte und eine allgemeine euphorische Feststimmung breitete sich aus. Wilde Bankette lösten sich mit rituellen Kasteiungen ab. In der Nacht zogen Fackelzüge durch die Stadt und Menschen riefen aus: „Lang lebe Sabbatai Zwi!".[110]
Sabbatai Zwi begab sich am 30. Dezember 1665 nach Konstantinopel. Dort wurde er im Verlaufe tumultartiger Entwicklungen von der osmanischen Gerichtsbarkeit, die jede Form von Revolten normalerweise schnell unterdrückte, verhaftet. Am 19. April 1666 wurde er in die Festung Gallipoli überführt. Während seiner Haftzeit durfte er Besucher empfangen und durch seinen Sekretär Samuel Primo Briefe senden. Seine Gefangennahme wurde von seinen unzähligen Anhängern symbo-

109 Denkwürdigkeiten der Glückel von Hameln. Übersetzt und herausgegeben von Alfred Feilchenfeld, Frankfurt a.M. 1987, S.61–62.
110 Scholem, Sabbatai Zwi, S.423–424.

lisch gedeutet: Sabbatai Zwi wäre jetzt im Migdal 'Oz (fester Turm, in Anlehnung an Sprüche 18,10). Nathans Schrift Drusch ha-Tanninim, die ein paar Monate nach Sabbatai Zwis Überführung nach Gallipoli erschienen war, tat ihr übriges, um diese Gedanken zu untermauern. Der Sommer 1666 war der Höhepunkt der sabbatianischen Bewegung. Jeder erwartete große Ereignisse. Sie endeten geradezu tragikomisch, und zwar in der Gestalt eines polnischen Kabbalisten, Nehemia Kohen. Dieser verbrachte einige Tage bei Sabbatai Zwi, um sich von dessen Messianität zu überzeugen. Doch Nehemia kam zum Schluß, daß Sabbatai Zwi nicht den traditionellen Messiasvorstellungen entsprechen würde. Außerdem hielt er sich selbst für den Messias. Er zeigte Sabbatai Zwi bei den osmanischen Behörden wegen Anstiftung zum Aufruhr an. Er wurde am 16. September vor den Sultan in Adrianopel geführt. Dieser ließ ihm die Wahl zwischen Tod und Konversion zum Islam. Sabbatai Zwi wurde Moslem. Unter seinem neuen Namen, Aziz Mohammed Effendi, bekam er den Ehrentitel eines Kapici Baschi (Wächters der Palastpforten). Ende Jänner 1667 wurde die öffentliche Ausübung des sabbatianischen Kultes vom Rabbinat in Konstantinopel gebannt. Die Anhänger Sabbatai Zwis vor dessen Übertritt zum Islam sind keineswegs als „Sabbatianer" zu bezeichnen. Sie waren gläubige Juden, die ihre traditionellen Messiasvorstellungen durch Sabbatai Zwi bestätigt sahen. Sie wandten sich nach diesem skandalösen Finale wieder dem normativen Judentum zu. Anders verhält es sich mit den Anhängern Sabbatai Zwis, die auch darüber hinaus in ihm den Messias sahen. Sie, die Ma'aminim (Gläubige), fühlten sich als das „wahre Israel" im Gegensatz zu den traditionellen Juden. Diese wurden von den Sabbatianern als Kofrim (Verneiner) bezeichnet. Der Übertritt wurde als ein notwendiger Schritt des Messias gesehen und auch von Nathan dementsprechend interpretiert. Die Messiasseele müsse tief in die Welt des Bösen hinabsteigen, um die göttlichen Funken zu erlösen. Daher müsse er völlig widersinnige Handlungen begehen. Nathan kehrte nie wieder nach Palästina zurück und starb nach einem ruhelosen Wanderleben 1680. Aus einer messianischen Volksbewegung wurden so geheime Gruppen, die mit allen zur Verfügung stehenden Mitteln von den Instanzen der jüdischen Tradition verfolgt wurden.
Wie konnte diese doch sehr antinomistische Bewegung so viele fromme Juden, Rabbiner und Gemeindeälteste in ihren Bann schlagen? Ein entscheidender Faktor ist die Tatsache, daß die Bewegung ihre Ideen unter dem Schutzmantel der luria-

nischen Kabbala entwickelt hatte. Als Sabbatai Zwi zehn Jahre nach seiner Konversion am 17. 9. 1676 starb, war dies nicht das Ende der sabbatianischen Bewegung. Sabbatai Zwis Tod wurde z. B. als Verhüllung gesehen. Es entstand eine Legende über den Tod Sabbatai Zwis. Sie erzählt, daß Sabbatai Zwis Grab am dritten Tag nach dessen Tod von seinem Bruder Elia besucht wurde. Ein Drache hätte das Grab bewacht und es wäre leer gewesen, aber erfüllt von Licht. Nach der von den Sabbatianern adaptierten Seelenwanderungslehre wird sich seine Seele wieder als Messias verkörpern. Abraham Miguel Cardozo (1626–1706) war neben Nathan einer der bedeutendsten Theologen der sabbatianischen Bewegung. Cardozo lehrte, daß der Messias durch seine Berufung und die Sünden Israels zur Konversion und zu seltsamen Handlungen gezwungen sei. Seine Aufgabe sei es, die Welt des Bösen von innen her zu zerstören. Cardozo erläuterte die Notwendigkeit der Apostasie für den Messias. Aber er schränkte ein, daß dieses Handeln nur für den Messias allein gelte, nicht für das Volk.[111]

Nach dem Ende Sabbatai Zwis erschütterten verschiedenste sabbatianische Affären die Länder und unterhöhlten die traditionelle Struktur der jüdischen Gemeinden: Über Cardozo, den sabbatianischen Prediger Nehemia Chayon (1655 – ca.1730) und Moses Chajim Luzzatto (RaMCHaL; 1707–1746) verhängte man den Bann. Luzzatto traute man nicht zu, Offenbarungen durch einen Maggid würdig zu sein[112] und verdächtigte ihn des Sabbatianismus, da auch er sich als Messias wähnte. Eine Folge dieser Kontroverse war die Verbrennung seiner Bücher. Weite Kreise zog der Amulettenstreit von Hamburg. Jakob Emden hatte den Oberrabbiner der Dreigemeinde Altona-Hamburg-Wandsbeck, Jonathan Eibeschütz (1690–1764), bezichtigt, ein Verfasser von Amuletten und ein geheimer Anhänger Sabbatai Zwis zu sein.[113] Die hohe Wogen schlagende Kontroverse um Eibeschütz

111 Siehe: Gershom Scholem, Über die Theologie des Sabbatianismus im Lichte Abraham Cardozos (1928), in: ders, Judaica 1, S.119–147; Carlo Bernheimer, Some New Contributions to Abraham Cardoso's Biography, in: JQR , ed. by Cyrus Adler, vol. 18, London 1927/28, S.97–132.

112 Isaiah Tishby, The Sabbatian Movement and the Image of Sabbatai Sevi in the Writings of M.H. Luzzatto and his Students, in: Culture and Society, S.687–717.

113 Siehe: Jacob Emden, Mémoires de Jacob Emden ou l'anti-Sabbataï Zewi, übersetzt und eingeleitet von Maurice Ruben Hayoun, Paris 1992; Jacob Joseph Schacter, Rabbi Jacob Emden: Life and Major Works, Diss. Harvard University, Cambridge, Mass. 1988, S.370–488.

spaltete die jüdischen Gemeinden in zwei Lager, ob nun der glänzende Talmudist und Prediger Eibeschütz nicht nur Amulette, sondern ebenfalls die sabbatianischen Schriften *„We-avo ha-Jom el ha-Ajin"* (Und ich kam heute zur Quelle) und *„Schem 'Olam"* (Name der Welt) verfaßt hätte. Heutige Forscher, wie Yehuda Liebes[114] und Maurice-Ruben Hayoun[115], vertreten die Meinung, daß Eibeschütz gewiß Sabbatianer gewesen ist. Offiziell belegte Eibeschütz 1755 als Oberrabbiner der Dreiergemeinde Altona-Hamburg-Wandsbeck die Sabbatianer mit einem Bann. Emden dagegen belegte Eibeschütz in seiner Privatsynagoge mit einem Bann, konnte aber dessen Absetzung als Oberrabbiner nicht durchsetzen. Die antisabbatianischen Kämpfe setzten sich bis ins 19. Jahrhundert fort, wie der Bann gegen R. Nathan ben Simon Adler Katz (1741–1800)[116] zeigt.

---

114 Yehuda Liebes, Sefer Zadik Yesod Olam- Mitus Shabbetai, in: Daat I (1978), S.73–120, Liebes' Aufsätze zum Sabbatianismus sind gesammelt in: ders., Sod haEmunah HaShabtait (On Sabbateanism and its Kabbalah, collected Essays), Jerusalem 1995.

115 Maurice-Ruben Hayoun, Rabbi Ja'akov Emdens Autobiographie oder der Kämpfer wider die sabbatianische Häresie, in: Judentum im deutschen Sprachbereich, S.232.

116 Rachel Elior, Rabbi Nathan Adler of Frankfurt and the Controversy Surrounding Him, in: Mysticism, Magic, S.223–242.

7. Die Dönme

Zwei Möglichkeiten besaßen die Anhänger Sabbatai Zwis nach dessen Apostasie: Entweder konnten sie die Konversion als ein Mysterium sehen und weiterhin äußerlich das Leben orthodoxer Juden führen, aber dennoch im Herzen Sabbatianer bleiben. Diese „gemäßigten Sabbatianer" nannte man später „Schebslach" oder „Schoepsen". Oder sie wurden „radikale Sabbatianer" und folgten Sabbatai Zwi nach, indem sie Moslems wurden. Eine Gruppe aus ca. 200 Familien entstand auf diese Weise in Adrianopel.[117] Nach Sabbatai Zwis Tod wurde aus dieser Gruppe, zunächst geführt von Jakob Philosoph, genannt Querido (der Geliebte), in Saloniki die sabbatianischen Dönme („Konvertierte").[118] Philosoph war der Bruder von Sabbatai Zwis letzter Frau Jochebed. Äußerlich lebten sie als Moslems. Im Verborgenen pflegten sie sabbatianische Riten und heirateten nur untereinander. Für die Dönme galt nur die oben besprochene „Tora des messianischen Zeitalters". So zelebrierten sie orgiastische Riten wie das „Fest des Lammes". Dies ist ein Frühlingsfest am 22. Adar. Nach dem Verzehr eines neugeborenen Lammes pflegen die anwesenden verheirateten Paare wechselweise Verkehr miteinander. Diese irdischen Vereinigungen sollen die kosmischen nicht nur symbolisieren, sondern auch vorantreiben. Andere Festtage sind mit dem Leben und der Konversion Sabbatai Zwis verbunden wie das Feiern des Tischa be-Av als Geburtstag Sabbatai Zwis.[119] Ihr Glaube basierte auf den „18 Glaubensartikeln" (hebr. Sedarim), die noch zu Lebzeiten Sabbatai Zwis verfaßt wurden[120]. Die

117 Gershom Scholem, The Crypto-Jewish Sect of the Dönmeh (Sabbatians) in Turkey, in: ders., The Messianic Idea in Judaism, New York 1971, S.147ff, deutsch : Die krypto-jüdische Sekte der Doënmeh (Sabbatianer) in der Türkei, in: Numen, International Review for the History of Religions, vol. VII, Amsterdam 1960, S.93–122.

118 Scholem, Kabbalah, S.327–332.

119 Einen Teil der Liturgie hat Scholem veröffentlicht: A Prayerbook from the Dönmeh from Izmir (hebr.), in: Kiryat Sefer 18 (1941), S.119–147, S.181–202.

120 Gershom Scholem hat diese Glaubensartikel aus der Ms. Amarillo (Ben-Zvi-Institut Ms. 2262, S.161–165) im hebr. Original als auch in engl. Übersetzung veröffentlicht: The Sprouting of the Horn of the Son of David (hebr.), in: Tarbiz, vol. 32 (Jerusalem 1962), S.67–79, engl. in: In the Time of Harvest, Essays in Honor of Abba Hillel Silver, New York 1963, S.368–386 (die engl. Übersetzung ist nicht ganz wortwörtlich, sondern teilweise kommentierend).

Zahl 18 erinnert an das jüdische Achtzehngebet und entspricht nach der Gematria dem Wort Chai (Leben). Außerdem ist sie die heiligste Zahl der Sufis, mit denen Sabbatai Zwi in Kontakt stand. Besonders der Orden der Bektaschi-Derwische weist Parallelen zu den Dönme-Riten auf. Die Glaubensartikel beinhalten den Glauben an den Messias Sabbatai Zwi sowie das Gebot, nur untereinander zu heiraten und die sabbatianischen Feste zu halten. So lautet das zweite Gebot:

> „Sie sollen an seinen Messias glauben, der der wahre Erlöser ist. Es gibt keinen anderen Erlöser außer ihm, unserem Herrn, unserem König, Sabbatai Zwi, aus dem Samen des Hauses David, möge seine Majestät hoch erhaben sein.“[121]

Durch einer von den Dönme veranstaltete Propaganda kam es 1683 zu einer Massenkonversion. 200 bis 300 jüdische Familien traten zum Islam über.[122] Nach Carsten Niebuhr lebten um 1774 ca. 600 Dönme-Familien in Saloniki. Die Dönme zerfielen im Laufe der Zeit in drei Gruppen: die „Izmirlis“, sozusagen Anhänger der ersten Stunde, die „Jakovim“ und schließlich die „Konyosos“. Diese drei Gruppen entsprechen auch ihren sozialen Hintergründen. Das Oberhaupt der „Konyosos“ war Baruchia Russo (ca.1690–1740), nach der Konversion zum Islam Osman Baba genannt. In dessen radikaler Untergruppe, hauptsächlich getragen von Kleinhandwerkern und Arbeitern, entfalteten sich Lehren von antinomistischen und orgiastischen Praktiken. Die sonst bei den Dönme heftig umstrittene schlichte Umwandlung von Geboten in Verbote und umgekehrt soll dort praktiziert worden sein. . Russo verstand sich als Reinkarnation der Seele von Sabbatai Zwi. Er schickte Emissäre nach Polen, Deutschland und in das Habsburger Reich. In einem Reisebericht berichtet Karl Braun eine Geschichte über die Konyosos:

> „Die Konja sind arme Handwerker, Tagelöhner und Lastträger und leben in den höheren östlichen Stadtvierteln zerstreut. Vor einigen Jahren erschien ein junger Deunmé vor dem Kadi in Salonik und erklärte, daß er Muhamedaner

121 Hier ist auch Sabbatai Zwis Synonym, AMIRAH, enthalten, Scholem, The Sprouting (hebr. Fassung), S.77.

122 Gershom Scholem, The Crypto-Jewish Sect , S.149.

werden wollte, weil er dies nur dem Scheine nach sei; der Kadi schickte ihn zum Pascha und dieser entließ ihn mit der Weisung, sich noch einige Tage über sein Vorhaben zu bedenken, und wenn er dann noch darauf beharre, wieder zu kommen. Der junge Mann erschien nicht wieder, und die Sache wäre vergessen worden, wenn sich der Kadi ihrer nicht nach einigen Wochen zufällig wieder erinnert hätte; man stellte Nachforschungen an, und die Deunmé behaupteten anfangs, der junge Mann habe die Stadt verlassen und sei auf Reisen gegangen. Als man aber die Paßregister nachschlug und seinen Namen nicht darin fand, gestanden die Deunmé, daß er gestorben sei. Nun wurde die Leiche ausgegraben, und man behauptete, daß sie Spuren von Erdrosselung gezeigt habe; wie dem auch sei, die Deunmé mußten die größten Anstrengungen machen, um die Sache beizulegen."[123]

Diese höchst wunderliche Gemeinschaft verschwand aber nicht im Laufe der wechselvollen Jahrhunderte. Sie überlebte bis in unsere Tage. Nach Scholem lebten vor dem 1. Weltkrieg zwischen 10 000 und 15 000 Dönme in der Türkei. Nathan Peter Levinson beschreibt die aktuelle Situation:

> „Heute befolgt nur eine kleine Gruppe von ungefähr 3000 bis 4000 Dönmeh, Karakasch genannt, die traditionellen Vorschriften, auch bezüglich der Mischehen. Weitere 40 000 bis 60 000 Dönmeh haben heute nur noch vage Erinnerungen und beachten keine Riten oder Ehebegrenzungen mehr."[124]

Andere Berichte sprechen von 33 000 Dönme in der heutigen Türkei:

> „Ihr religiöser Kalender beinhaltet konventionelle jüdische Feiertage, wie Rosch Haschana und Jom Kippur, aber auch weniger orthodoxe, wie das Fest des Lichts. Bei diesem treffen sich verheiratete Paare in einem Privathaus, schlachten ein Lamm, singen Psalmen und tauschen dann die Partner. Sie glauben, daß aus diesen Vereinigungen eines Tages die Reinkarnation Sabbatai Zwis geboren

123 Karl Braun, Eine türkische Reise, Erinnerungen aus Saloniki, Wiesbaden 1876, S.160.
124 Levinson, Messias, S.93.

wird. Ihre Gemeinde unterhält verschiedene geheime Synagogen, kabbalistische Jeschiwot und einen religiösen Gerichtshof."[125]

1996 plante Ilgaz Zorlu mit einer Gruppe der Dönme nach Israel auszuwandern und zum Judentum zurückzukehren. Er sprach deswegen mit dem israelischen sephardischen Oberrabbiner Eliahu Bakschi Doron. Dieser verlangte eine normale Konversion als Bedingung, worauf Zorlu nicht einging.

„Viele hoffen auf das Jahr 2000, in dem große historische Veränderungen stattfinden sollen, vielleicht sogar die Rückkehr von Sabbatai Zwi."[126]

125 Aubrey Ross in: The Jerusalem Report vom 9.1. 1997, S.11, die relativ große Zahl der Dönme wurde mir durch Informanten bestätigt.

126 Ross, S.11.

8. Die Frankistische Bewegung

Jakob Leibowicz, genannt „Frank“ oder „Frenk“ (1726–1791), verstand sich als Nachfolger von Sabbatai Zwi und Baruchia Russo. Bedingt durch den intensiven Austausch zwischen den Gruppen in Polen und den Dönme sowie durch die wandernden Prediger des Sabbatianismus wurde Jakob Frank bereits in seiner Jugend zum Sabbatianer, geprägt durch den Antinomismus der „Konyosos“. Franks Lehrworte, wahrscheinlich ursprünglich in Jiddisch verfaßt, sind nur noch in polnischen Handschriften erhalten. An einem mystischen Ort, möglicherweise der Welt der Sefirot, begegnet Frank dem Sabbatai Zwi, den er den „Ersten“ nennt.

> „Ich hatte in Saloniki eine Vision (...). Als ich in das erste Zimmer hineinging, gab man mir eine Rose als Zeichen, damit ich mit ihr in das zweite gehen konnte, und so immer weiter von einem zum anderen. Und so flog ich in die Luft. Und ich hatte zwei Jungfrauen, zu meiner linken und zur rechten und deren Schönheit die Welt nicht gesehen hat. In diesen Zimmern sah ich meist Frauen und Mädchen, aber in anderen waren ganze Versammlungen von Schülern und Lehrern. Und wo man mir nur das erste Wort sagte, begriff ich daraus den ganzen Inhalt und die ganze Erkenntnis. Diese Zimmer waren zahlreich. Im Letzen aber sah ich den ‚Ersten‘, der auch als Lehrer mit seinen Schülern saß und er war mit einem frenkischen Gewand bekleidet. Dieser fragte mich sofort: ‚Bist Du der weise Jakob? Ich hörte, daß Du stark und mutigen Herzens bist. Bis zu diesem Punkt bin ich gegangen, aber von hier aus habe ich keine Macht, weiter fortzuschreiten. Wenn Du willst, stärke Dich und Gott möge Dir helfen. Denn sehr viele Vorfahren haben diese Last auf sich genommen und sind diesen Weg gegangen, aber sie sind gefallen.‘ In diesem Moment zeigte er mir durch das Fenster dieses Zimmers einen Abgrund, verdeckt durch ungewöhnliche Schwärze. Und über dem Abgrund sah ich auf der anderen Seite einen Berg, dessen Höhe selbst die Wolken zu berühren schien. In diesem Moment rief ich: ‚Um jeden Preis werde ich mit Gottes Hilfe gehen.‘ Und

dann begann ich schräg in der Luft hinab in den Abgrund zu steigen, bis ich den Grund erreichte."[127]

Die zahlreichen Zimmer könnte man als Symbol für die Sefirot oder für die Hechalot sehen. Wie Frank hinabsteigt, so steigen auch die Hechalot-Mystiker zur Merkawa hinab. Um an den Dienstengeln vorbeizukommen, benützen diese magische Siegel, Frank eine Rose. Das erste Zimmer kann nur die Schechina sein, da sie in kabbalistischen Schriften als Pforte in die göttliche Welt beschrieben wird.[128] Die zwei Jungfrauen, die Frank begleiten, könnten Symbole für die obere und untere Schechina[129] sein. Frank sieht die himmlischen Lehrhäuser und erfährt jene magische Erkenntnis, die bereits in der Hechalot-Mystik beschrieben wird: ohne Mühen und Schweiß die Geheimnisse der Tora sofort zu verstehen.[130] Schließlich trifft Frank auf Sabbatai Zwi. Dieser erklärt ihm seine Machtlosigkeit und die Gefahren des Weges, auf dem so viele Vorfahren schon gescheitert sind. Wohin führt dieser Weg? Er führt zur „anderen Seite", die Gegenwelt der Sefirot. Das weist auf die Theoretiker der sabbatianischen Kabbala, wie Cardozo, aber auch auf die Dönme hin. Sie hatten versucht die paradoxe messianische Lehre Sabbatai Zwis zu verstehen. Die Bestätigung der messianischen Tora sei das Gegenteil der Tora des Exils. Folglich muß man, wie Sabbatai Zwi, in die Welt der Schalen hinabsteigen. War es das Ziel der alten Kabbalisten, in die Welt der Sefirot aufzusteigen, so kann jetzt nur die Aufgabe heißen, sich zur „anderen Seite", zur Welt des Bösen, auf den Weg zu machen. Das Symbol der frankistischen Lehre ist ein „V": Zunächst führt der Weg steil nach unten in den Abgrund, in die Schwärze und Tiefe der dämonischen Gegenwelt. Dann aber soll er endlos hinauf zum Leben führen. Aufgrund von Visionen präsentierte sich Frank als „Auserwählter". Er tritt allerdings nicht in die messianische Reinkarnationskette ein, die vom „Ersten" und „Zweiten" (Russo) konsequenterweise zu einem „Dritten" übergeht. Denn dieser „Dritte"

127 „Worte des Herrn" Ms. Krakau 6969, Zbiór..., § 1.
128 Zohar I 82a.
129 Zohar I 25a.
130 Übersetzung der Hekhalot-Literatur, hrsg. von Peter Schäfer, Tübingen 1987, Band 2, §§ 285–§§ 294, S. 269–279.

Jakob Frank

sieht sich als Vollender der Aufgabe, an der sich bereits u.a. die Patriarchen, Moses, Sabbatai Zwi und Baruchia Russo versucht hatten. Dabei identifiziert sich Frank hauptsächlich mit Jakob, versteht sich aber nicht als dessen Reinkarnation. So wie Jakob auf Abraham und Isaak gefolgt ist, so folgte Frank auf Sabbatai Zwi und Baruchia. Aber der „wahre Jakob" ist nicht der Messias ben David. Er geht dem wahren Messias, der „Jungfrau", als Wegbereiter voran und übernimmt gewissermaßen die traditionelle Rolle des Messias ben Josef. Frank trat während seines Aufenthalts bei den Dönme nicht zum Islam über. Seine teils schockierenden Handlungen in Saloniki führten zum Konflikt mit jenen, die in Frieden, ohne Zusammenstöße mit der jüdischen Gemeinde und geduldet von der osmanischen Herrschaft, leben wollten. Er provozierte die Juden Salonikis und riskierte den Aufruhr. Es ist unklar, ob eine eventuell von Frank geplante Machtübernahme schlicht scheiterte. Vielleicht wurde er von den Dönme rasch abgeschoben und/oder als Dönme-Botschafter nach Polen geschickt. Als er von den türkischen Juden verfolgt wurde, konnte er jedenfalls mit keinerlei Unterstützung von Seiten der „Konyosos" rechnen. Später, als er von den polnischen Rabbinern verfolgt wurde, wird er durch die Konversion zum Islam erneut im osmanischen Reich sein Glück versuchen.
Der Kontakt zwischen Dönme und Frankisten blieb auch über den Tod von Frank hinaus bestehen. So berichtete ein Dönme 1920 in Wien über Beziehungen zu bestimmten „Katholiken" in Warschau.
Frank wurde das Oberhaupt einer sabbatianischen „Kompanie", den „Zohariten" in Polen. Im Kampf um ein eigenes Reich für ihre Gruppe gerieten sie zwischen die Mühlen des polnischen Rabbinats und der katholischen Kirche Polens. Das podolische Rabbinat hatte die Frankisten aus den Gemeinden verbannt und sie 1756 für „vogelfrei" erklärt.

> „Möge man sie aus der jüdischen Gemeinschaft ausschließen, mögen ihre Frauen und Töchter als Huren, ihre Kinder als Bastarde gelten, damit sie sich nicht mit uns vermischen können."[131]

131 Zitiert nach Dubnow, Geschichte, Band 7, S.198.

Der Text des Bannes, den der Lemberger Rabbiner Chaim Rappaport mit 13 anderen Rabbinern unterzeichnet hat, wurde unter dem Titel *„Cherev pifioth"* (Scharfes Schwert) publiziert.[132] Unter dieses scharfe Schwert fiel auch die Kabbala. Da man die mißverstandene Kabbala als Quelle für den Sabbatianismus ansah, wurde angeordnet, den Zohar erst ab dem 30. und die lurianische Kabbala erst ab dem 40. Lebensjahr studieren zu dürfen. Die Frankisten versuchten Hilfe durch die polnische Kirche zu bekommen und wollten als geschlossene Gruppe zum Christentum konvertieren. Bischof Dembowski war damit einverstanden, aber nur unter der Voraussetzung einer offiziellen Disputation zwischen Frankisten und Rabbinat, um noch andere Juden von der Richtigkeit der Konversion zum Christentum zu überzeugen. Diese Disputationen fanden 1757 und 1759 statt, wobei die Frankisten auch nicht vor der Ritualmordlüge Halt machten. Aus der Not der Stunde heraus sah Frank nur noch in einer Scheinkonversion im Sinne der Dönme die letzte Möglichkeit, weiter bestehen zu können. Das taktische Ziel waren Schutzbrief und Ansiedlungsmöglichkeit. Zunächst sollten nur er und sein engster Kreis konvertieren. Dies entsprach der sabbatianischen Lehre, daß antinomistische und „befremdliche" Taten nur der Messias vollziehen muß. Die Taufe als Notwendigkeit innerhalb der frankistischen Lehre wurde erst später, als es nicht mehr anders möglich war, aufgenommen. Dennoch vollzogen viele Frankisten schon jetzt die Taufe, Frank selbst 1759 in Warschau. 1760 wurde er unter Anklage des Scheinchristentums verhaftet und zu lebenslanger Festungshaft in Czenstochau verurteilt. Nach der ersten polnischen Teilung 1772 wurde Frank von den Russen befreit. Die Bewegung breitete sich von Polen bis nach Deutschland, Böhmen und Mähren aus. Der Franksche Hof zog nach Brünn und 1786 nach Offenbach a. M. Offenbach war damals unter dem Schutz des protestantischen Fürsten Wofgang Ernst II. eine Zufluchtstätte für religiös Verfolgte (wie Waldenser und Hugenotten). Frank wohnte im Ysenburger Renaissance-Schloß, wo er als Souverän mit Polizeigewalt über seinen Hof herrschte. Er wurde zum Wallfahrtsziel für Anhänger aus der ganzen Welt. Dort starb Frank als „Baron von Offenbach". Seine Lehre ist eine anarchistische Utopie von der erlösenden Kraft der Zerstörung, die durch

132 Wieder abgedruckt bei Emden, S.7b und Alexander Kraushar, Frank und seine Anhänger, hebr. Ausgabe, Band 1, Warschau 1895, S.77–81.

den Weg in den Abgrund zum Leben führen soll. Vor dem Hintergrund der Krise der jüdischen Tradition im untergehenden Polen des 18. Jahrhunderts entstand eine sabbatianisch-kabbalistische Lehre im Geiste der Gnosis („Erkennen"), wobei sufistische als auch chassidische Einflüsse nachweisbar sind. Aufgrund der sozialen und ökonomischen desaströsen Verhältnisse der polnischen Judenheit kommt Frank zu dem Schluß wie viele Gnostiker vor ihm: Das Leid der Menschen ist fürchterlich, die Welt absolut böse und kann daher nicht die Schöpfung eines guten Gottes sein.[133] Franks spirituelles Ziel war die kabbalistische Welt des Da'at. Seine Lehre beruht auf der sabbatianischen Trinität, den „drei Bändern oder Knöpfen des Glaubens", die bei ihm „heiliger König", „großer Bruder" und „Jungfrau" heißen. Aber anders als in den komplexen, nur schwer einsichtigen Schriften von Nathan aus Gaza oder Abraham Cardozo bedient sich Frank einer äußerst einfachen, ja geradezu volkstümlichen Sprache. Zur Unterstützung zieht er dabei hauptsächlich Zitate aus dem Pentateuch und dem Zohar sowie volkstümliche Geschichten aus der Kultur der Umgebung heran, die wortwörtlich zitiert bzw. paraphrasiert oder an die eigene Lehre angepaßt wurden. So wie die Chassidim die Worte eines BeSchT oder Nachman sammelten und aufzeichneten, so stellten Franks „Brüder" die Worte ihres „Herrn" zusammen.[134] Die Welt ist für Frank die Schöpfung des Bösen, der wahre Gott ist absolut verborgen. Nur die Gläubigen können in seine Welten vordringen. Zwischen diesem guten Gott und den Menschen stehen die bösen drei Weltenlenker. Alle Gesetze, Regeln, Verordnungen unserer Welt sind Gesetze des Todes, die den Menschen abhalten, zum guten Gott zu gelangen. Daher muß man alle Gesetze der Welt aufheben, um zum Leben zu kommen. Franks Weg ist gepaart mit der Vorstellung von der militärischen Disziplin, die ihn paradoxerweise begleitet. Der Soldat, der seinem General blindlings gehorcht und keine Befehle diskutiert, wurde von Frank idealisiert. Franks Ziel war der Weg zum großen Bruder Esau, einem mystischen Esau, der sich an einem Ort vor Gott befindet, einem Ort, wo es keine Gesetze gibt, nur das Leben. Der

133 „Worte des Herrn" §586, § 1419, bei Alexandei Kraushar, Frank i frankisci polski, zwei Bände, Krakau 1895.

134 Harris Lenowitz, An Introduction to the Sayings of Jacob Frank, in: Proceedings of the Eighth World Congress of Jewish Studies 1981, Division C Thought and Literature, Band 2 Jewish Thought, Kabbalah and Hasidism, Jerusalem 1982, S.93–98.

Frankist kann alle Gewänder der Welt scheinbar annehmen. So führt ihn sein Weg durch die Religion Edoms (gemeint ist der Katholizismus). Mittelpunkt der frankistischen Lehre ist der neue Entwurf der Schechina. Frank bezeichnete sie als Jungfrau und verbot, den Begriff Schechina zu erwähnen.[135] Nach Frank hatten sich bereits alle bedeutenden Vorväter, wie Abraham, Isaak, Jakob und Moses, um die Jungfrau bemüht, die sich in verschiedenen Personen, wie in Rahel, manifestiert hat.[136] Frank behauptet, daß Sabbatai Zwi und David in Wirklichkeit weiblichen Geschlechtes gewesen seien. Da in ihnen die Messiasseele war, bedeutet dies, daß auch sie Verkörperungen der Schechina gewesen sind? Frank verneint dies. Sie wollten sie, die Schechina, führen. Doch sie scheiterten, genau wie alle anderen Vorväter. Moses Befreiung aus Ägypten konnte ebenso nicht vollständig sein, da das Fundament der Erlösung die Jungfrau sei.[137] Sabbatai Zwis Weiblichkeit wäre geheim gewesen, daher konnte er nichts erreichen. Aber jetzt würde es durch die Jungfrau einen für alle Leute sichtbaren weiblichen Messias geben.[138] Sabbatai Zwi hätte wie König David nur den Weg zu ihr gezeigt. Aber keiner hatte die Sache zu Ende geführt.

> „Ihr dachtet, daß der Messias ein Mann sein wird. Aber das kann auf keine Weise sein, weil das Fundament die Jungfrau ist. Sie wird der wahre Messias sein, sie wird alle Welten führen, weil alle Waffen in ihren Händen sind."[139]

In der Beschreibung der Jungfrau zieht Frank Elemente aus den Esthererzählungen heran.[140] Stark beeinflußte ihn der Marienkult um die „Schwarze Madonna" des Klosters von Czenstochau. Die „Schwarze Madonna" führe zur anderen „Jungfrau", zur Schechina. Die Taufe wird hierbei als notwendige Stufe gesehen. In Anlehnung an Bahir und Zohar, wo beschrieben wird, daß die Schechina wie eine Prinzessin in einem Turm ist, beschreibt Frank einen tatsächlichen Turm des

---

135 „Worte des Herrn" Kraushar §1195, Band 2, S.316.
136 „Worte des Herrn" Ms Krakau 6969, Zbiór..., §123.
137 „Worte des Herrn" Ms Krakau 6969, Zbiór..., §725.
138 „Worte des Herrn" Ms Krakau 6969, Zbiór..., §609.
139 „Worte des Herrn" Kraushar §1046, Band 1, S.426–427.
140 „Worte des Herrn" Kraushar §2147, Band 2, S.383.

Klosters.[141] Noch in Czenstochau hat er in Anlehnung an die Marienverehrung kleine Porträts von Eva anfertigen lassen, die sich heute in der National Library in Jerusalem befinden. Eva als Verkörperung der Schechina war allerdings ein Element, das zu Franks Lebzeiten nicht in Erscheinung trat. Die Jungfrau war für Frank noch verborgen und seine Aufgabe war die, sie zu befreien. Die „Schwarze Madonna“ weist auf die wahre Jungfrau hin, deren Manifestation der endgültigen Erlösung vorangeht.

> „Gehen die Könige und Herren zum Porträt der Jungfrau in Czenstochau nicht mit großer Demut? Sie sind klüger als ihr, weil sie wissen, daß alle Macht bei ihr ist und in ihrer Hand. So wie man sagte, daß Christus auferstanden ist, so wird auch sie sich aus der Erde erheben und vor ihr werden alle Königreiche dienen.“[142]

Natürlich stehen dabei die Anhänger Franks unter der *Massa duma* (Last des Schweigens) – sie schweigen über ihren eigentlichen Glauben. Aber nicht alle Frankisten sind diesen Weg konsequent bis zum Ende gegangen. Spätere Anhänger Franks standen zwar nach außen noch in der Tradition, hatten aber innerlich bereits einen absoluten Bruch mit ihr vollzogen und in ihren Vorstellungen eine radikale Aufklärung mit mystischen Akzenten verbunden.
Da Frank in seinem Kampf gegen das rabbinische Judentum nicht vor Ritualmordlüge und Taufe Halt gemacht hatte, blieb er eine äußerst umstrittene Gestalt. Seine kabbalistischen Lehren wurden wenig beachtet.[143] So schrieb sein früher Biograph Alexander Kraushar:

> „Ungeordnet aus Fetzen der christlichen Dogmen und Zoharbegriffen, vereinigt mit fremdartigen okkulten Prinzipien, bringen sie ein Chaos der wertlosen Klänge hervor, die den Kopf des Hörers mit dem Strom der hebräischen, griechischen, babylonischen und den aus der weißen Magie entlehnten Worten,

141 „Worte des Herrn“ Kraushar §996, Band 1, S.424.
142 „Worte des Herrn“ Ms Krakau 6969, Zbiór..., §778.
143 Siehe: Klaus Samuel Davidowicz, Jakob Frank, der Messias aus dem Ghetto, Frankfurt a. M. 1998.

schwindlig machen, damit unter dem Druck einer solchen Mischung sein Wille schwindet und er sich blind den Befehlen der Ausleger ergibt.“[144]

Es geht nicht an, als Chronist der jüdischen Philosophie- und Geistesgeschichte, allein die Lehren eines Maimonides, eines Mendelssohns oder eines Moses Cordovero zu betrachten. Und nur weil Franks Biographie so erschreckend ist, dürfen dann seine kabbalistischen Lehren nicht salonfähig sein? Muß man sie als „haltloses Gestammel“ herabwürdigen, um eine Nichtauseinandersetzung zu legitimieren?

Die Geschichte der frankistischen Gruppen im 19. und 20. Jahrhundert, wie das langsame Aufgehen der Frankisten in der polnischen Gesellschaft, sowie überhaupt die Erforschung der Kabbala in Deutschland und Österreich zur Zeit des Barocks und der Romantik sind noch nicht weit gediehen. Einige der vieldeutigen Mystiker, wie z. B. Ephraim Joseph Hirschfeld, stehen in einer gewissen Abhängigkeit oder auch Abgrenzung zum Frankistenhof in Offenbach. Hirschfeld verfaßte 1796 das nahezu unbekannt gebliebene Werk *„Biblisches Organon“*, das erste kabbalistische Werk in deutscher Sprache. Er hatte während eines zweijährigen Aufenthalts in Berlin auch fleißigen Umgang mit Mendelssohn gehabt. Auch ein Moses Dobruschka aus Brünn kämpfte auf rebellisch-anarchistische Weise für eine Erlösung in der Gegenwart. Er ließ sich wohl unter Franks Einfluß 1775 in Prag taufen. Nun nannte er sich Franz Thomas von Schönfeld. Drei Jahre später, am 25.7. 1778, wurde Schönfeld zusammen mit seinen zwei ebenfalls getauften Brüdern als „Edler von Schönfeld“ in den Adelsstand erhoben.[145] Er machte eine beispiellose „Karriere“,[146] vom Frankisten zum österreichischen Dichter und Freimaurer. Am Ende seines Lebens wird er sich der Französischen Revolution anschließen. Während seiner Jahre in Wien beteiligte sich Schönfeld 1780/81 bei der Gründung des Freimaurerordens der „Asiatischen Brüder“,[147] wo er ihr „Chefkab-

144 Kraushar, Band II, S.185.

145 Wiener Stadt- und Landesarchiv Nachlaß Ruzicka, Blatt 240.

146 Gershom Scholem, Ein Frankist. Moses Dobruschka und seine Metamorphosen, in: Max Brod – ein Gedenkbuch, hrsg. von Hugo Gold, Tel Aviv 1969, S.77–92; ders., Du Frankisme au Jacobinisme, la vie de Moses Dobruška, alias Franz Thomas von Schönfeld alias Junius Frey, Paris 1981.

147 Allgemeines Handbuch der Freimaurereri, Leipzig 1900, Band 1, S.50.

balist"[148] wurde und kabbalistisch-sabbatianische Elemente einbrachte.[149] Schönfeld selbst hinterließ ein großes literarisches Werk, das nur teilweise veröffentlicht ist. Es umfaßt Schauspiele, Gedichte, Herrscherloblieder, Bibelübersetzungen und philosophische Abhandlungen. Franks Vorliebe zum Militarismus findet in Schönfelds Kriegsgedichten seinen poetischsten Ausdruck. Als Schönfeld dem von ihm verehrten Klopstock eine Ausgabe seiner *„Davids Kriegsgesänge"* schickte, enthielt seine Widmung eine Beschreibung der Kriegstänze des Heeres Davids.[150] Auf dem Titelblatt von „Davids Kriegsgesängen" steht die Widmung „Dem Heere Josephs". In der Vorrede schrieb Schönfeld:

> „Ich habe folgende Psalmen für gegenwärtigen Krieg so erbauend, so begeisternd, so passend gefunden, daß ich sie aus der ganzen Sammlung herausgehoben, und für was sie sind – Davids Kriegsgesänge – hinausgegeben."[151]

Im Archive de France befindet sich in einer Reisetasche der Nachlaß von Schönfeld, darunter, neben seiner Korrespondenz, viele unveröffentlichte Gedichte und Bibelübertragungen. Diese Dokumente zeigen, daß er in einem seltsamen Kosmos aus Aufklärung, Mystik und Freimaurertum lebte. Neben Übersetzungen, wie den „sieben Bußpsalmen", gibt es Blätter, die übersät sind mit gematrischen Berechnungen.[152] So möchte Schönfeld die Trinität durch Zahlenspekulationen beweisen. Schönfeld ging im März 1792 über Straßburg nach Paris (nun nannte er sich Sigmund Gottlob Junius Brutus Frey).[153] Warum nannte sich Schönfeld nun „Frey"? War es eine Variation des Namen Frank, der im Deutschen nichts anderes als „frei" bedeutet? Im Paris der Französischen Revolution nahm Schönfeld am Sturm auf

148 Scholem, Ein Frankist, S.81.
149 Scholem, Ein Frankist, S.77.
150 Blumenlese der Musen, Wien 1790, S.100–102, Schönfelds „Davids Kriegsgesänge", Wien 1788, war eine deutsche Bibelübertragung direkt aus dem Hebräischen. In der Wiener Stadt- und Landesbibliothek finden sich viele seiner Werke, darunter auch Dramen und Schäferspiele.
151 Schönfeld, Davids Kriegsgesänge, S.2–3.
152 Neben den Wiener Dokumenten sind im Archive de France in Paris folgende Akten: Akte F 7 4637: betr. François Chabot, Dobruškas Schwager; Akte T 1524: Briefe, Gedichte, philosophische Texte von Dobruška.
153 Nachlaß Ruzicka, Blatt 295.

die Tuilerien am 10. August 1792 teil, wurde aber im November 1793 als mutmaßlicher Spion verhaftet. Er wurde schließlich zusammen mit Chabot, Danton und Desmoulins am 5.4. (15. Germinal) 1794 geköpft.[154] Wir haben es im Frankismus mit einer religiösen Bewegung zu tun, die symptomatisch für das 18. Jahrhundert ist. Mystizismus und Aufklärung – Schatten und Licht spiegeln sich hier wider. Denn Vertreter von Haskala und Kabbala oder Sabbatianismus stehen sich nicht nur als verständnislose Feinde gegenüber, wie man bei den Prager Frankisten sehen kann. Familien wie Wehle, Bondi oder Porges verblieben im Judentum und haben in ihren Schriften eindeutig aufklärerische Tendenzen, wie die von Nathan M. Gelber veröffentlichte Autobiographie von Moses Porges zeigt. So kam es, daß ein Frankist wie Jona Wehle einem Haskalaschriftsteller wie Beer gedanklich sehr nahe stehen konnte.

> „Eine (...) Mythologie, hat hier wichtigen jüdischen Gruppen den Weg in das neue Zeitalter der Aufklärung und der Französischen Revolution von innen her geöffnet."[155]

Seit dem ausgehenden 18. Jahrhundert, als Moses Mendelssohn und die Aufklärung endgültig das Ende des jüdischen Mittelalters einläuteten, trat die Kabbala zunehmend in den Hintergrund. Nach der großen Popularisierung der lurianischen Kabbala hatten Sabbatianismus und der immer stärkere Zug des Rationalismus zunächst für ein Ende der Kabbala als festen Teil der jüdischen Tradition gesorgt. Sie überlebte im Chassidismus und in kleinen Kreisen.

154 Scholem, Du Frankisme, S.93, Nachlaß Ruzicka Blatt 295.
155 Gershom Scholem, Die Metamorphose des häretischen Messianismus der Sabbatianer in religiösen Nihilismus im 18. Jahrhundert, in: Judaica 3, S.202.

9. Der Chassidismus

Der Zusammenbruch der traditionellen Gesellschaftsstruktur der Juden in Polen führte, zusammen mit dem Prozeß der Expansion der lurianischen Kabbala und der Mission der Sabbatianer im Untergrund, zu einer tiefen Krise der Tradition im 18. Jahrhundert. Der Niedergang der rabbinischen Autorität, der Verlust der persönlichen Sicherheit und die zunehmende Verarmung verstärkten die messianische Hoffnung und den Wunsch nach religiöser und sozialer Erneuerung. Dubnow und bedeutende Historiker nach ihm sahen durch die Kosakenmassaker und die Erschütterungen der jüdischen Tradition die mystischen Bewegungen als Folgeerscheinung einer sozial-ökonomischen Krise.[156] Hier muß allerdings zwischen den einzelnen polnischen Gebieten differenziert werden. Chassidismus und Frankismus als Antwort auf die allgemeine desolate Situation zu sehen, wird durch den historischen Hintergrund Podoliens widerlegt. Podolien, die Wiege des Chassidismus, befand sich seit Beginn des 18. Jahrhunderts in einem Aufschwung.[157] Gewiß gab es viele Verarmte – es gab aber auch eine beachtliche Zahl von Kaufleuten, deren zunehmender Wohlstand sich in jener Zeit zu entfalten begann.[158] Allerdings war Podolien ein Landstrich, in dem im Volksglauben der Juden, Polen und Ukrainer der Glaube an Dämonen und andere übernatürliche Erscheinungen sehr verbreitet und gleichsam das Erbe von Juden und Christen war. Ebenso gab es Gruppierungen von russischen mystischen Sekten wie die Khlysty oder die Dukhabory in Podolien.[159] Sie waren in den Jahren nach dem großen Schisma von 1666/67 entstanden. Es wurden über 100 Sekten mit mehr als einer Million Anhänger ge-

156 Dubnow, Weltgeschichte, Berlin 1928, Band 7, S. 84–226.
157 Siehe die Einleitung von Hunderts „Security and Dependence" sowie Mordechai Nadav, Pinsk, Tel Aviv 1973, S.99–103.
158 Gershon David Hundert, The Conditions in Jewish Society in the Polish-Lithuanian Commonwealth in the Middle Decades of the Eighteenth Century, in: Hasidism Reappraised, ed. by Ada Rapoport-Albert, London 1996, S.45–51.
159 Torsten Ysander, Studien zum Bestschen Hasidismus, Uppsala 1933, S.372–392.

zählt.[160] Die verschiedenartigen russischen Sekten hatten eines gemeinsam: Der Gläubige kann sich Gott auch außerhalb der normativen Kirche nähern. Die Methoden, die dabei angewendet wurden, um diesen Zustand zu erreichen, reichen von selbstkasteiender Askese bis hin zu wilden Trinkgelagen. Den Chassidismus allein vor dem Hintergrund sozialer Desintegration zu begründen, ist verfehlt. Aber eine genauso einseitige Betrachtungsweise wäre es, das Augenmerk nur auf die schismatischen Gruppen der orthodoxen Kirche zu richten. Allerdings entstanden Chassidismus und Frankismus in der von Okkultismus und Vampirglauben verdüsterten Luft Podoliens, Wolhyniens und der Ukraine. Es war das Zeitalter der populären Mystik. Die Elemente der Natur bekamen in der polnischen Folklore jener Zeit zunehmend ein geheimnisvolles Eigenleben, das eigenen Herrschern und Lehren unterworfen ist, unabhängig von dem Wissen der Menschen. Neben dieser Welt der Natur existieren die verschiedenen Welten der Geister und Dämonen.[161] Zu den rabbinischen Gelehrten und Gemeindeführern trat eine weitere Gruppe hinzu, die der charismatischen Mystiker, die ihre oft populären Lehren als Wanderprediger verbreiteten. In diesem Umfeld entwickelte sich der Chassidismus unter dem Baal Schem Tov (genannt BeSchT, gest.1760), dessen historische Gestalt mit der Legende verschmilzt.[162] Die mystische Lehre des Chassidismus strebte eine volkstümliche Verinnerlichung der jüdischen Werte an, wobei es durchaus Einflüsse durch russische Sekten geben kann[163]. Der einfache Mensch kann Gott durch ein tiefes Gebet viel näher stehen als der talmudisch gebildete Rabbiner. Im Laufe der Jahre nahm der Chassidismus die unterschiedlichsten Schattierungen an, wie man an den Lehren des „Maggid" Dov Bär von Mezyricz (1710–1772) und der

160 Paul Miliukov, Outlines of Russian Culture, Band 1: Religion and the Church, Philadelphia 1943, S.71ff; siehe: Konrad Grass, Die russischen Sekten, Leipzig 1905–14; Serge Bolshakoff, Russian Nonconformists, Philadelphia 1950.

161 William I. Thomas, Florian Znaniecki, The Polish Peasant in Europe and America, New York 1927, S.206–207.

162 Siehe: Karl-Erich Grözinger, Ba'al-Shem oder Ba'al-Chazon, Wunderdoktor oder Charismatiker, zur frühen Legendenbildung um den Stifter des Chassidismus, in FJB (Frankfurt 1978) Heft 6, S.71–90; Moshe Rosman, Founder of Hasidism, a Quest for the Historical Ba'al Shem Tov, Berkeley 1996.

163 Yaffa Eliach, The Russian Disenting Sects and Their Influence on Israel Baal Shem Tov, Founder of Hasidism, in: Proceedings of the American Academy for Jewish Research, Band XXXVI, New York 1968, S.57–85.

ChaBaD-Bewegung (Weisheit-Chochma, Vernunft-Bina, Erkenntnis-Da'at) des Schneur Salman von Ljosnas (1745–1813) sehen kann.[164] Auf dem Boden des Sabbatianismus entstand eine Lehre, die sich bewußt gegen ihn abgrenzte. Den Kern des Chassidismus bildet die Dewekut. Sie kann in allen Lebenslagen auftreten. Es ist keine wie oft mißverstandene „Heiligung des Alltags", sondern eher eine absolute Vernachlässigung des Diesseits. Durch die Dinglichkeit und trotz der Dinglichkeit der Welt soll sich der Chassid stets mit Gott verbinden. Tabak- und Alkoholkonsum sowie ekstatische Tänze waren bei den Chassidim Hilfsmittel zur Erreichung des gewünschten Zustandes. Bereits Yaffa Eliach hatte die Frage gestellt, ob tatsächlich nur Tabak in der geliebten langen Pfeife des BeSchT war.[165] Durch die Nähe zum osmanischen Reich war Opium in Podolien und Wolhynien nicht unbekannt. Wie unwichtig die Dinglichkeit der Welt in den chassidischen Lehren ist, kann man in einem der wichtigsten theoretischen Werke des Chassidismus, *„Tzva'at Harivasch"* (Das Vermächtnis des Rivasch [R. Israel Baal Shem]) von Dov Bär sehen:

> „Wenn Du eine schöne Frau sieht, bedenke, daß die weiße Substanz aus dem Samen des Vaters kommt und die rote aus dem Samen der Mutter,[166] trübes Blut, verdorben und abstoßend, daß, wenn man es in die Nähe von Speisen stellen würde, die Speisen verderben würde. Die Schönheit des physischen Vaters stammt vom himmlischen Vater[167], der Welt der Liebe,[168] während der Same der Mutter aus der himmlischen Mutter[169] stammt, der Welt des Schreckens.[170] Das ist die Schönheit der Frau. Daher ist es besser, daß Du dich mit der Liebe und dem Schrecken des Schöpfers verbindest, gesegnet sei Er."[171]

164 Siehe: Joseph Dan, Ha-sippur ha-chassidi („Die chassidische Erzählung"), zwei Bände, Jerusalem 1975; Moshe Idel, Hasidism. Between Ecstasy and Magic. New York 1995.

165 Eliach, Russian Disenting Sects, S.81.

166 bNidda 31a.

167 Nach Zohar III 290a die Sefira Chochma.

168 Die Sefira Chessed, die in Chochma entspringt.

169 Nach Zohar III 290a die Sefira Bina.

170 Gewura oder Din, die Sefira des strengen Gerichts, entspringt in Bina.

171 Das Werk ist 1793 zuerst gedruckt worden, zitiert nach der engl. Übersetzung: Tzava'at Harivash, the Testament of Rabbi Israel Baal Shem Tov and Rules of Upright conduct, New York 1998, § 101, S.93–94.

Die ausufernde Ekstase verselbständigte sich mitunter. In ausgelassenen chassidischen Purimfesten und frechen Streichen, die ihre Gegner verächtlich als „unjüdisch“ bezeichneten, läßt sich freilich nur schwer eine Jenseitsorientierung festmachen.[172] Der Chassidismus verbreitete sich im Süden, wohingegen sich im Norden, vor allem in Litauen, die rabbinische Gegnerschaft (Mitnagdim) formierte. 1772 verkündete Eliah, Gaon von Wilna, den Bann gegen die Chassidim:

> „Das Thorastudium wird von ihnen ganz und gar vernachlässigt, und sie stehen nicht an, immer wieder zu betonen, daß man sich mit dem Lernen möglichst wenig abgeben und sich über eine begangene Sünde nicht allzusehr grämen solle...Jeder Tag ist ihnen wie ein Feiertag...Beim Beten nach gefälschten Texten erheben sie ein Gekreisch, daß die Mauern erbeben...und wälzen sich wie Räder, mit dem Kopf nach unten und den Beinen nach oben...Indessen ist dies alles nur ein geringer Bruchteil, nur ein Tausendstel ihrer abscheulichen Gepflogenheiten..., wie uns die besagten Chaschudim selber zugegeben haben...(...) Solange sie nicht aus eigenem Antrieb volle Buße getan, soll man sie zerstreuen und auseinanderjagen, auf daß nicht zwei Ketzer zusammenbleiben, denn die Auflösung ihrer Verbände ist eine Wohltat für die Welt.“[173]

Mit der Verbreitung des Chassidismus ging auch die Radikalität der Anfangsjahre zurück und es entstand der Zadikismus. Der „Maggid“ prägte die weitere Entwicklung des Chassidismus. Er war im Talmud und in der Kabbala gebildet und versuchte eine Brücke zur Gelehrsamkeit zu schlagen. Seine Schüler standen an der Spitze der späteren unterschiedlichen chassidischen Gruppierungen. Diese Führerschaft wurde in den folgenden Jahren oft vererbt und so entstanden chassidische Höfe und Dynastien. Der Chassidismus stellte dem Ideal des talmid chacham, des rabbinischen Gelehrten, ein anderes Ideal gegenüber: den charismatischen Führer mit stark vereinfachten religiösen Vorstellungen, der sich von den anderen Menschen durch radikale Religiosität unterscheidet; Prediger, die sich nicht durch tiefe

---

172 Mark Zborowski, Elizabeth Herzog, Life is with People, New York 1952, S.176.
173 Die Ausrottung der Tyrannen und steinharte Schwerter, Oleksiniec 1772, S.22–25, zitiert nach Simon Dubnow, Geschichte des Chassidismus, Berlin 1931, Band 1, S.191–192.

Gelehrsamkeit oder die Kunst des „pilpul“ auszeichneten, sondern Visionen und eine tiefe Bindung an himmlische Sphären hatten. In Weiterführung der lurianischen Kabbala entwarfen sie großzügige Szenarien vom „Chaos auf Erden“ gegenüber der „himmlischen Ordnung“, die sie durch Gleichnisse oder lange Erzählungen illustrierten. Am Anfang wurden Chassidismus und Frankismus als häretische Bewegungen vom traditionellen Judentum verurteilt. Da die chassidischen Gruppierungen sich trotz ihrer anarchistischen Tendenzen im Rahmen des traditionellen Judentums bewegten, konnten sie ihren Platz behaupten. In ihrer Rolle als spirituelle und kabbalistische Impulsgeber sind sie heute eine Bastion der Orthodoxie.

10. Die christliche Kabbala

Zahlreiche der ursprünglich geheimen Lehren der Mystiker sind ans Licht der Öffentlichkeit geholt worden. Auch die Schriften der Kabbalisten sind in vielen Bibliotheken, ob im Original oder in Übersetzung, für jedermann zugänglich. Aber es sind nicht nur Übersetzungen kabbalistischer Texte in den letzten Jahren erschienen. In der Flut von Schriften der Esoterik-Welle finden wir immer wieder das Reizwort Kabbala. Schaut man sich diese, oft recht eklektischen Bücher an, kristallisiert sich eines heraus – vier Elemente sind es, aus denen für viele Autoren die Kabbala scheinbar nur besteht: der Sefirot-Baum, Gematria, Tarot und Alchemie. Diese Bücher stehen meist auf dünner Quellenbasis. Die Verbindung zum traditionellen Judentum ist in den europäischen Esoterik-Büchern zum Stichwort Kabbala völlig zerrissen. Nur die Veröffentlichungen des US-Verlages „Jewish Lights Publishing" sind fundiert. In diesen Büchern wird meist von zeitgenössischen Rabbinern und Lehrern versucht, mit Hilfe kabbalistischer Lehren säkulare Juden wieder fürs Judentum zu gewinnen. Wie kommt es, daß in den Publikationen der Esoterik soviel von Gematria und Alchemie gesprochen wird? Der Grund hierfür ist keineswegs leicht zu beantworten. Der Hintergrund hierfür ist die sogenannte christliche Kabbala. Eine der zwei Wurzeln der Bewegung, die die Kabbala unter christlichen Gesichtspunkten betrachtete und versuchte zu beweisen, daß der verborgene Sinn der Kabbala in Wahrheit ein christlicher sei, liegt bei jüdischen Konvertiten wie Abner von Burgos im 14. Jahrhundert und Paul de Heredia. In der Renaissance hatten sich humanistisch gesinnte Christen mit der jüdischen Kabbala auseinandergesetzt. Von Platon beeinflußt, suchten viele der Humanisten z. B. in Florenz nach der verlorenen gemeinsamen Urtradition aller Weltreligionen. Der erste Anhänger der Richtung, die glaubte, in der Kabbala die verlorene Uroffenbarung zu finden, um zu einem tieferen Verstehen der antiken Philosophen, aber auch des christlichen Gedankentums zu gelangen, war der Humanist Graf Giovanni Pico della Mirandola (1463–1494). Schon sehr früh lernte Pico viele Sprachen, darunter Arabisch und Aramäisch, sowie Philosophie und Theologie. Pico sah in der Kabbala eine geheime jüdische Überlieferung, die verlorene Urtradition der Menschheit, die eine Vor-Deutung des Christentums beinhaltet. Wie sehr Pico aber auch unter dem Eindruck des Neupythagoräismus mit seiner besonderen Wertschätzung der Zahl stand, zeigt sein Interesse für Buchstabenkombinationen und Sprachspekulationen. In seiner Schrift *„Heptaplus"* erklärt Pico, daß das hebräische Wort für Himmel, schamajim, sich aus esch (Feuer) und majim (Wasser) zusammensetze. Wie groß die Ignoranz dem Judentum gegenüber war, welche Verdrehungen und Verzerrungen das Bild des Juden in der damaligen Zeit prägten, zeigt Pico in seinem Buch *„Über die Würde des Menschen"*:

> „Schon beim Hören des Wortes Kabbala schien meine Gegner ein Entsetzen zu überschleichen. Unter der Kabbala stellten sie sich nicht Menschen, sondern Zaubertiere, Kentauren oder irgendwelche Wunderwesen vor. Eine amüsante Episode. Einer der Gegner wurde gefragt, wer denn eigentlich Kabbala sei. Er antwortete: *Das war ein abtrünniger Wicht und ein dämonischer Gesell, der Verfasser vieler Schriften gegen Christen.*"[174]

Pico beabsichtigte, einen Philosophenkongreß in Rom abzuhalten und dort die von ihm aufgestellten 900 Thesen zur Diskussion zu stellen. Eine der Thesen lautete:

> „Es ist kain Kunst, die uns mer gewiss mach von der gothait Christi dan Magia und Cabala."[175]

Die päpstliche Kurie untersagte den Kongreß, worauf Pico 1486 eine Verteidigung seiner Thesen veröffentlichte. Das hatte einen päpstlichen Bann zur Folge. Vier Jahre später traf Pico mit dem deutschen Humanisten Johannes Reuchlin (1455–1522) in Florenz zusammen. Picos Schriften regten ihn an, sich selbst mit der Kabbala zu beschäftigen. Sechs der neun Hauptarbeiten Reuchlins haben die hebräische Sprache und das Judentum zum Thema, zwei darunter die Kabbala. Das erste Buch Reuchlins, das sich mit Problemen des Judentums ernsthaft befaßt, *„De verbo mi-*

174 Zitiert nach Max Brod, Johannes Reuchlin und sein Kampf, Stuttgart 1965, S.72.
175 Max Brod, Reuchlin, S.69.

rificio", steht noch unter dem frischen Eindruck der Begegnung mit Pico und der Beziehung zu dem jüdischen Arzt Jakob ben Jechiel Loans in den Jahren 1492–1493. Loans lehrte Reuchlin und gab ihm in der Gestaltung der jüdischen Gesprächspartner, den Baruchias in De verbo mirificio und den Simon in *„De arte cabbalistica"*, starke Impulse. De verbo mirificio besteht aus einem Trialog, der sich über mehrere Tage erstreckt. Die redenden Akteure sind der Epikureer Sidonius, ein Phönizier, der Jude Baruchias und Reuchlin selbst als der christliche Capnion. Reuchlin schuf mit seinem Werk De verbo mirificio eine bunte Mischung aus Theologie, neuplatonischer Philosophie und Dichtung. Es ist naheliegend, daß dabei das Christentum als die wahre Religion herausgestellt wird. Dabei erklärt Reuchlin manche Begriffe wie die rabbinische Traditionskette oft verwirrend oder einfach falsch. Das wundertätige Wort ist der Gottesname. Der Höhepunkt von Reuchlins Schrift ist Capnions Erklärung der drei schöpferischen Gottesnamen in drei verschiedenen Weltzeitaltern. Im ersten Weltzeitalter, dem der Natur, habe der dreikonsonantige Gottesname, **Schadai** schöpferische Kraft. Im zweiten, dem Zeitalter des Gesetzes, besitze das Tetragrammaton diese Macht. Im dritten schließlich, der Zeit der Gnade oder Erlösung, hätte, durch die Einschiebung des Buchstabens Schin ins Tetragrammaton, dieser Gottesname die Kraft der Schöpfung. Durch das Schin wird aus dem unaussprechlichen Namen Gottes Jeschu (Jesus). Der Name Jesu sei das *verbum mirificum.* Reuchlins Spätwerk De arte cabbalistica war der erste bedeutende Schritt zur europäischen Kabbalaerforschung. Hier wird die Kabbala als Urtradition befunden, die göttliche Dinge zum Inhalt hat und bereits durch Adam im Paradies von der Menschheit empfangen wurde. Früher hatte Reuchlin Abraham als Überlieferer dieser verlorenen Wahrheiten bezeichnet. Die Redner in Reuchlins Trialog sind der Jude Simon, der die Funktion des Lehrers übernimmt, der Neupythagoräer Philolaus Junior und der Moslem Marranus. Im Gegensatz zu De verbo mirificio verkörpert Reuchlin hier den Juden Simon. Er führt die beiden wißbegierigen Trialogpartner in die Gedankenwelt der Kabbala ein, soweit sie Reuchlin bekannt war. Seine Darstellung der kabbalistischen Lehren beginnen bei der frühen jüdischen Mystik, den Spekulationen über die Schöpfung und dem Thronwagen. Sie reichen bis hin zu der Lehre von den zehn Sefirot. Hierbei stützte sich Reuchlin u.a. auf die lateinische Übersetzung von Josef Gikatillas *„Scha`are 'Ora"*, nämlich *„Portae lucis"* von Paulus Riccius.

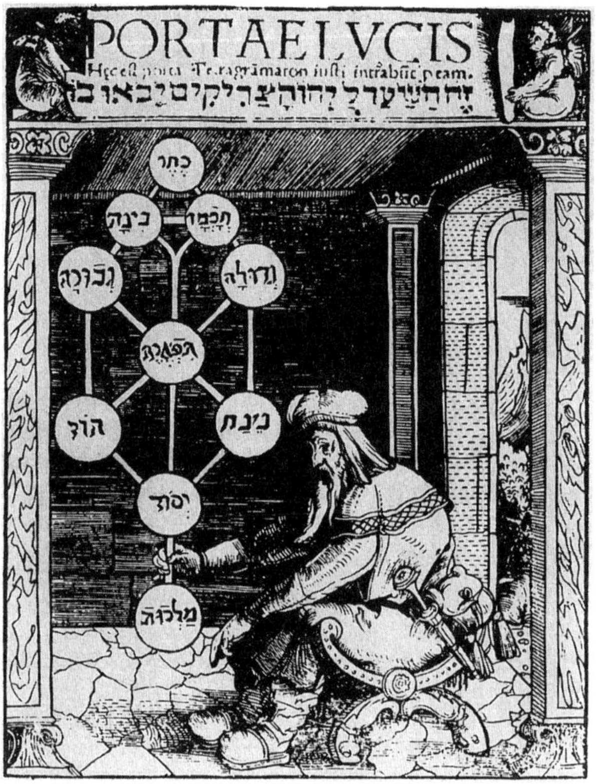

Titelblatt von Portae Lucis, einer lateinischen Übersetzung
des Werkes *Scha'are 'Ora* von Joseph Gikatilla

Reuchlin schrieb dies Werk in einer persönlich äußerst schwierigen Zeit. 1509 erlangte Johannes Pfefferkorn, ein ehemaliger Jude, der zum Christentum konvertiert war, ein Mandat von Kaiser Maximilian, daß es ihm erlaubte, jüdische Bücher zu beschlagnahmen. Pfefferkorn war der Autor zahlreicher widerwärtiger antijüdischer Propagandaschriften. Trotz dieser Erlaubnis beauftragte Maximilian Reuchlin mit einer Untersuchung. In seinem Gutachten und in seinem „*Augenspiegel*" verteidigte Reuchlin die Juden und sprach sich gegen eine Bücherverbrennung aus. Pfefferkorn und die ihn unterstützenden Kölner Dominikaner klagten Reuchlin an, daß er sich von den Juden habe kaufen lassen. Der Inquisitor Jakob Hochstraten leitete einen Ketzerprozeß gegen Reuchlin ein, der 1520 mit Reuchlins Freispruch endete.
Spätere Autoren der christlichen Kabbala sollten ganz andere Akzente als Reuchlin setzen.
Der „Schusterphilosoph" Jakob Böhme (1575–1624) deutete in seiner Verquickung von alchemistischen, paracelsischen und christlichen Motiven die Kabbala als Theosophie und nutzte ihre Symbole für die Darstellung seines neuen Gottesbildes. Der Neuplatoniker Heinrich Cornelius Agrippa von Nettesheim (1486–1535) stellte die magischen Ideen in der Kabbala in seinem Werk „*De occulta philosophia*" (1530) besonders heraus. De occulta philosophia ist eine Zusammenschau der verschiedenen okkulten Wissenschaften der damaligen Zeit, wobei bei ihm das alchemistische Element nicht mit Kabbala und Magie zusammmengebracht wird. Durch Agrippas Gleichsetzung von Magie und Kabbala waren alchemistische Mystiker wie Heinrich Khunrath (1560–1605) veranlaßt zu glauben, daß somit die Kabbala zur Alchemie gehöre. Daher vermengt Khunrath in seinem in diesen Kreisen äußerst erfolgreichen und Einfluß gewinnenden „*Amphitheatrum sapientae aeternae solius verae, christiano-Cabbalistico, divino-magicum nec non physico-chymicum tertrinuum catholicum*" (1609) alchemistische, magische, vermeintlich kabbalistische mit christlichen Symbolen und Elementen zu einem schwer durchsichtigen, mit opulenten Bildern ausgestatteten, magischen Brei.

„[Daß] Kabbala, Magia und Alchymia miteinander verbunden und angewendet werden sollen und müssen."[176]

176 Heinrich Khunrath, De Igne Magorum, Straßburg 1608, S.75.

Die englischen Theosophen Thomas Vaughan (1622–1666) und Robert Fludd (1574–1637) trieben die Identität von Alchemie, Magie und Kabbala erheblich voran. Johann Georg Wachter behauptete dagegen in seinem *„Der Spinozismus im Judenthümb oder die von dem heutigen Judenthümb und dessen Geheimen Kabbala Vergötterte Welt"* (1699), daß die Kabbalisten geheime Atheisten seien.
Seit der Renaissance waren für christliche Theosophen und Alchemisten Kabbala und Alchemie synonym, da christliche Kabbalisten wie Reuchlin, Pico oder Pietro Galatinus (1460–1540) und Egidio da Viterbo (1465–1532) Texte übersetzen, die christliche Alchemisten in ihre Werke einbauten. Es gab im Laufe der Geschichte zahlreiche jüdische Alchemisten.[177] Aber es gab nur wenige Kabbalisten, die ihre Lehren mit der Alchemie zu verbinden suchten. Kabbalistische Elemente und Symboliken wurden in der Alchemie verwandelt. Die Seelenwanderung wurde mit der Wanderung der Essenzen durch die verschiedenen Metalle verglichen. In den wichtigsten Schriften der Kabbala, wie Bahir und Zohar, ist aber nicht das Gold das höchste Ziel. Das Gold wird im Baum der Sefirot mit der Farbe Rot assoziiert, die der linken Seite der Strenge entspricht. Dagegen finden wir das Silber mit der Farbe Weiß auf der rechten Seite der Gnade. Dabei muß man allerdings einschränken, daß es auch dort Textstücke gibt, die anders sprechen.[178] Warum Moses de Leon in diesen Abschnitten davon spricht, daß z. B. die Sonne den Staub in Gold verwandelt, kann damit zusammenhängen, daß er durch sein muslimisches Umfeld durch alchemistisches Gedankengut beeinflußt worden ist. Chajim Vital hatte sich dagegen mehrere Jahre intensiv mit Alchemie befaßt. Er sammelte alchemistische Rezepte etc., bevor er Luria kennenlernte. Die sieben unteren Sefirot würden den sieben Metallen entsprechen, wobei er das Messing gegen das Quecksilber austauschte: Silber, Gold, Kupfer, Eisen, Zinn, Blei, Quecksilber. Eine geradezu alchemistische Familientradition hatte es in Italien gegeben. Leone (Yehuda Arie) Modena (1571–1648) aus Venedig war Dichter, Prediger, Musiker, Astrologe, Alchemist und Spieler. In seinem *„Qol Sakhal"* (Stimme des Unvernünftigen) griff er die rabbinische Tradition an und betrachtete die Vervielfältigung der Gebote als Mittel, mit der die Rabbinen über das jüdische Volk herrschen wollen. Sein *„Chajje Jehuda"*

177 Siehe: Raphael Patai, The Jewish Alchemists, New York 1994.
178 Bahir § 36 und Zohar I 249b–250a, Zohar II 23b–24b.

(Das Leben Jehudas) ist eine offene Autobiographie über gescheiterte Liebe, gescheiterte Berufe und Spielleidenschaft. Leone und sein Sohn hatten ein alchemistisches Labor. Allerdings starb sein Sohn wahrscheinlich am falsch dosierten Umgang mit Arsen. Sein Onkel Schemaja wurde dagegen von einem Christen übel betrogen. Dieser bat ihn um Zusendung von Gold und Silber für alchemistische Experimente. Als der Onkel kam, wurde er beraubt und ermordet.

Das wichtigste Werk, das kabbalistische Symbole alchemistisch deutet, ist *„Esch Mezaref"*, (Feuer des Goldschmelzers). Es ist ein anonymes Werk, das verschollen ist. Da es die Paginierung der Druckausgabe des Zohar aus Cremona benutzt, muß es nach 1560 geschrieben worden sein. Christian Knorr von Rosenroth hatte es in lateinischer Sprache im ersten Band seiner Kabbala Denudata zergliedert 1677 veröffentlicht.[179] In den acht Kapiteln des Esch Mezaref werden die sieben Metalle mit den Sefirot verglichen. In einer Fülle von Werken der Alchemie wird die Kabbala, wobei man oft damit eigentlich nur Gematria meint, als wichtiger Bestandteil alchemistischer Prozesse gesehen. Die Reihe der Autoren reicht vom 17. Jahrhundert mit Franz Kieser, Stephan Michelspacher oder den Rosenkreuzern bis zu den Theosophen Georg von Welling (1652–1727) und Friedrich Christoph Oetinger (1702–1782). Wellings Hauptwerk erschien posthum 1735, das *„Opus Mago-Cabbalisticum et Theosophicum, darinnen der Ursprung, Natur, Eigenschaften und Gebrauch des Saltzes, Schwefels und Mercurii in dreyen Theilen beschrieben, und mit sehr vielen sonderbaren mathematischen, theosophischen, magischen und mystischen Materien, auch die Erzeugung der Metalle und Mineralien aus dem Grunde der Natur erweisen wird; samt dem Haupt-Schlüssel des ganzen Wercks und vielen curieusen mago-cabbalistischen Figuren. Deme noch beygefüget: Ein Tractätlein von der Göttlichen Weisheit; und ein besonderer Anhang etlicher sehr rar- und kostbarer chymischer Piecen"*.

Chajim Falk, der sogenannte Baal Schem von London, und Jakob Frank waren zur selben Zeit Kabbalisten und Alchemisten. Frank hatte in Brünn und Offenbach ein alchemistisches Laboratorium, wo er „goldene Tropfen" hergestellt hatte.[180] Ein Zentrum der kabbalistisch geprägten jüdischen Alchemie war bis ins 20. Jahrhun-

179 Eine englische Übersetzung enthält das anonyme Werk: A Short Enquiry concerning the hermetick Art, London 1717, diese Übersetzung wurde wieder abgedruckt in: Wynn Wetcott, Sapere Aude, Collectanea Hermetica, Band IV, (ohne Erscheinungsort) 1894.

180 Kraushar, Frank, Band 2, S.73.

dert Marokko. Makhlouf Amsellem war Kabbalist und praktischer Alchemist. 1870 wurde er Hofalchemist des Sultans Mulai Hassan. Scholem und andere Wissenschaftler haben zu dessen Lebzeiten seine umfangreichen Handschriften gesehen. Sie sind nach seinem Tod 1927 spurlos verschwunden. All dies prägte das allgemeine Bild der Kabbala als seltsame magische Spielart.
Wie schrieb Samson Hirsch 1908:

> „Es ist zu hoffen, daß die Zeiten vorbei sind, als der Name Jüdische Cabbala den Gedanken an ein Warenhaus von Magie, Schwarzer Kunst und Hexerei suggerierte.“[181]

Sind sie das? Bis ins 20. Jahrhundert wurde die Kabbala zunächst nur in kleinen Zirkeln Israels und in chassidischen Lehrhäusern weltweit gepflegt. Eine der letzten prominenten Kabbalisten war der ehemalige Oberrabbiner Jerusalems Abraham Kook. Aber in Hinblick auf das Jahr 2000 sieht das schon wieder ganz anders aus. In Israel ist die Kabbala heute aus der Welt der kleinen Zirkel hinausgetreten. Im orthodoxen Teil der Bevölkerung findet sie große Beachtung. Kalender für den frommen Haushalt mit kabbalistischen Kawwanot für jeden Tag zeugen davon, aber auch jene Gerüchte, daß Kabbalisten den ermordeten Staatspräsidenten Rabin zuvor verflucht haben sollen. In den USA dagegen erfreut sich die Kabbala in populärer Form, oft in Volkshochschulen und jüdischen Bildungshäusern gelehrt, großen Zuspruchs. Eine Vielzahl kabbalistisch geprägter Esoterik-Bücher sind in Umlauf. Sie haben, wie oben bereits erwähnt, meist einen religiös-pädagogischen Zweck. Um Juden davon abzuhalten, in östliche Religionen abzudriften, soll gezeigt werden, daß auch das Judentum spirituell-mystische Impulse geben kann. Eine der ersten Bücher in dieser Richtung trug den vielsagenden Titel *„Jewish Meditation“*. Diejenigen säkularen Juden, die vor dem Esoterik-Boom noch eine eher intellektuell geprägte jüdische Identität hatten, die meist eine bunte Mischung aus Kafka, Freud und Scholem war, beschäftigen sich nun mit der richtigen Kawwana für den Alltag. Und Madonna verkündet, daß sie ihr Kind nur bei ihrem kabbalistisch bewanderten Rabbi lernen läßt. Was würde wohl Isaak der Blinde dazu sagen?

181 Samson Hirsch, Jewish Mystics-an Appreciation, in: Jewish Quarterly Review 20 (1908), S.50.

Bibliographie

1. Texte und Übersetzungen

Frühe jüdische Mystik

SCHÄFER Peter, Übersetzung der Hekhalot-Literatur, Tübingen 1987ff.

SEFER YESIRAH, a Preliminary Critical Edition of Sefer Yezira (hebr.), Israel Oriental Studies 1 (Tel Aviv 1971), S.132–177.

THE BOOK OF FORMATION, übersetzt von Knut Stenring, Jerusalem 1970.

KAPLAN Aryeh, Sefer Yezira, The Book of Creation, Translation and Commentary, Northvale 1995.

GOLDSCHMIDT Lazarus, Sepher Jesirah. Das Buch der Schöpfung, 1894, zweisprachig, Nachdruck Darmstadt 1969.

MEYER Johann Friedrich von, Das Buch Jezira, 1830, Nachdruck Berlin 1993.

Mittelalterliche Kabbala

ABRAMS Daniel (ed.), Asher ben David, His complete Works and Studies in his Kabbalistic Thought, including the Commentaries to the Account of Creation by the Kabbalists of Provence and Gerona (hebr.), Los Angeles 1996.

ABRAMS Daniel (ed.), The Book Bahir, an Edition based on the earliest Manuscripts, with an Introduction by Moshe Idel (hebr.), Los Angeles 1994.

SEFER HASSIDIM (hebr.), Jerusalem 1975, (engl. Medieval Jewish Mysticism, Book of the Pious, Northbrook 1971).

KAPLAN Aryeh (ed.), The Bahir, engl. Übersetzung und Kommentar, Northvale 1995.

SEFER HA-RAZIM (hebr.), ed. by M. Margalioth, Jerusalem 1966.

SCHOLEM Gershom (Hrsg.), Das Buch Bahir, deutsche Übersetzung, Nachdruck Darmstadt 1970.

Spanische Kabbala

GIKATILLA Joseph, Scha'are 'ora (hebr.), zwei Bände, Jerusalem 1970.
MOPSIK Charles (ed.), R. Moses de Leon's Sefer Sheqel ha-Qodesh, critically edited and introduced, with an introduction by Moshe Idel, Los Angeles 1996, Sources and Studies in the Literature of Jewish Mysticism 2.
MOPSIK Charles, Les Grands Textes De La Cabale. Les Rites Qui Font Dieu, Paris 1993.
MÜLLER Ernst, Der Sohar und seine Lehre, Wien 1932 (Textauswahl).
SCHOLEM Gershom, Die Geheimnisse der Schöpfung. Ein Kapitel aus dem Sohar, (Berlin 1935) Nachdruck Frankfurt a.M. 1992.
SEFER HA-ZOHAR (aram.), hrsg. von Reuben Margalioth, fünf Bände, Jerusalem 1978.
TISHBY Isaiah (ed.), The Wisdom of the Zohar, an Anthology of Texts, 3 Bde, London 1994.
The Zohar, engl. Übersetzung von Harry Sperling, Maurice Simon, Paul Levertoff, fünf Bände, London 1931–34.
The Mystical Study of Ruth. Midrasch Ha Ne'elam of the Zohar to the Book of Ruth. Hrsg. und übersetzt von Lawrence A. Englander und Herbert W. Basser, Atlanta 1993.

Lurianische Kabbala

ASHLAG Yehuda (ed.), A Study of the ten luminous Emanations from Rabbi Isaac Luria, 2 Bde, Jerusalem (Research Centre of Kabbalah) 1972.
BLOCH Chajim, Kabbalistische Sagen. (Leipzig 1925) Leipzig 1990 (Textauswahl der „Lopreisungen des ARI").
CARO Josef, Sefer Magid Meischarim (hebr.), Wilna 1879.
CORDOVERO Moses, Or né'érab, la douce Lumière, Paris 1997.
CORDOVERO Moses, The Palmtree of Deborah. Engl. Übersetzung von Louis Jacobs. London 1960.
CORDOVERO Moses, Pardes Rimmonim (hebr.), Jerusalem 1962.

CORDOVERO Moses, Tomer Debora (hebr.), Jerusalem 1928.
HILLEL Jacob (ed.), Sefer Torot hagilgul (hebr. Quellensammlung der lurianischen Kabbala), zwei Bände, Jerusalem 1997.
VITAL Chajim, Schemona Sche'arim (hebr.), hrsg. von Yehudah Ashlag, Tel Aviv 1962, Einzelausgaben: Sefer Ha-Gilgulim, Jerusalem 1981; Scha'ar Ha-Kawanot, Jerusalem 1951.

Christliche Kabbala

Giovanni Pico della Mirandola, Conclusioni Cabalistiche, Milano 1994.
REUCHLIN Johannes, On the Art of Kabbalah, mit einer Einführung von Moshe Idel, London 1993.

Chassidismus

HORODEZKY Samuel Aba (ed.), Schivhej haBescht (hebr.), Berlin 1922.
BROCKE Michael, Die Erzählungen des Rabbi Nachman von Bratzlaw, übersetzt von Michael Brocke, Hamburg 1989.
KAPLAN Aryeh, Until the Mashiach, Rabbi Nachman's Biography: An Annotated Chronology, ed. by Dovid Shapiro, New York 1985.
KRAMER Chaim, Through Fire and Water, the Life of Reb Nosen of Breslov, New York 1986.
NACHMAN von Bratzlaw, Advice (Likutey Etzot), ed. by Nathan of Breslov, New York 1983.
NACHMAN von Bratzlaw, Likutey MohaRan, ed. by Moshe Mykoff, Ozer Bergman, zweisprachig, Band 1, 2, 3, 4, 5, 10, New York 1990–97.
RABBI NACHMAN'S STORIES (Sippurey Maasioth). The Stories of Rabbi Nachman of Breslov, translated with notes based on Breslover Works by Rabbi Aryeh Kaplan, New York 1983.
RABBI NACHMAN'S TIKKUN (Tikkun Haklali). Compiled and translated by Avraham Greenbaum, New York 1984.

RABBI NACHMAN'S WISDOM (Shevachay HaRan, sichos HaRan) by Rabbi Nathan of Nemirov, translated and annotated by Rabbi Aryeh Kaplan, New York 1973.
JACOBS Louis, Hasidic Prayer, New York 1973.
SOLOMON Ben Zion (ed.), The Breslov Songbook, Rebe Nachman's Songs, the traditional Music of Chassidei Breslov for Shabbos Evening, Band 1, New York 1994.
SCHORR Moshe (ed.), Eternally Yours (Alim LiTerufah), the collected Letters of Reb Nosen of Breslov, Band 1, New York 1993.
Tzava'at Harivash, the Testament of Rabbi Israel Baal Shem Tov and Rules of Upright conduct, New York 1998,

Sabbatianismus

FREIMANN Aron, Sammelband kleiner Schriften über Sabbatai Zebi und dessen Anhänger (hebr.), Berlin 1912.

Frankismus

DOKTÓR Jan, Ksiega Slów, Warschau 1997. Edition der polnischen frankistischen Handschriften aus der Universitätsbibliothek Krakau.
LEVINE Levine (ed.), The Kronika – On Jacob Frank and the Frankist Movement, Jerusalem 1984, polnisches Original der „Chronik" plus hebräischer Übersetzung.

Kabbala im 20. Jahrhundert

KOOK Abraham Isaak HaCohen, Die Lichter der Tora – Orot HaTora, zweisprachig, Übersetzung von Timotheus Arndt, mit einem Nachwort von Joseph Dan, Berlin 1995.

2. Studien

Einführungen und Sammelwerke

ARIEL, David S., Die Mystik des Judentums, München 1993.
BISCHOFF Ernst, Kabbala, Berlin 1913.
BISCHOFF Ernst, Die Elemente der Kabbala, reprint (enthält beide Teile) Wiesbaden 1990.
BLOCH, Philip, Geschichte der Entwicklung der Kabbala, in: Winter, J. / Wünsche, August (Hrsg.), Die Jüdische Literatur seit Abschluß des Kanons. Band III, (Trier 1896) Hildesheim 1965.
FINE Lawrence (ed.), Essential Papers on Kabbalah, New York 1995.
FRANCK Adolphe, Die Kabbala, Berlin 1844.
GREEN Arthur, Jewish Spirituality, zwei Bände, London 1987.
HERRERA R. A. (ed.), Mystics of the Book, Bern 1993 (Studien zur Kabbala, christlicher und islamischer Mystik).
The Journal of Jewish Thought and Philosophy, Volume 3 Number 1 (1993), Special Issue: Studies in Jewish Mysticism, Esotericism, and Hasidism, ed. by Elliot R. Wolfson und Paul Mendes-Flohr.
KABBALAH, Jahrbuch, ed. by Daniel Abrams, Los Angeles 1996ff.
SCHOLEM Gershom, Die jüdische Mystik in ihren Hauptströmungen, Zürich 1957.
SCHOLEM Gershom, Kabbalah, Jerusalem 1974. (Sammlung der Artikel für die Encyclopaedia Judaica).
TISHBY Isaiah, Studies in Kabbalah and its Branches, Researches and Sources, 3 Bde, Jerusalem 1993.

Philosophische Hintergründe

ALBERT Karl, Einführung in die philosophische Mystik, Darmstadt 1996.
FRANK Daniel H., LEAMAN Oliver (eds.), History of Jewish Philosophy, London 1997, S.83–499.
HALFWASSEN Jens, Der Aufstieg zum Einen, Stuttgart 1992.

Frühe jüdische Mystik

DAN Joseph, Early Jewish Mysticism (hebr.), Jerusalem 1987.
DAN Joseph, Three Phases in the History of Sefer Yezira, in: FJB 21, Frankfurt a.M. 1994, S.7–31.
LIEBES Yehuda, The seven double letters BGDKFRT – on the double Resh and the background of Sefer Jezira (hebr.), in Tarbiz 61 (1992), S.237–247.
PINES Shlomo, Points of Similarity between the Exposition of the Doctrine of the Sefirot in the the Sefer Yezira and a Text of the Pseudo-Clementine Homilies, Jerusalem 1989.
SCHÄFER Peter, Der verborgene und der offenbare Gott, Tübingen 1992.
SCHMIDT-BIGGEMANN Wilhelm, Das Buch Jezira in der christlichen Tradition, in der Neuauflage von Meyer's Übersetzung vom Sefer Jezira, Berlin 1993, S.45–64.
SCHOLEM Gershom, Jewish Gnosticism, Merkabah Mysticism and Talmudic Tradition, New York 1960.
SED Nicolas, Le Sefer Yesira, l'édition critique, le texte primitif, la grammaire et la métaphysique, in REJ CXXXII (1973), S.513–528.
STROUMSA Gedaliahu G., A Zorastrian Origin to the Sefirot? In: Irano-Judaica III, Jerusalem 1994, S.17–33.
WOLFSON Elliot R., The Theosophy of Sabbetai Donnolo, with Special Emphasis on the Doctrine of Sefirot in His Sefer Hakhmoni, in Jewish History 6 (1992), S.281–316.

Mittelalterliche Kabbala

ABRAMS Daniel, Sexual Symbolism in ancient Merkavah Speculations, Tübingen 1997.
AKRAP Domagoj, Isaak der Blinde und sein Kommentar zum „Sefer Jezira", Magisterarbeit, Wien 1998 (enthält den hebräischen Text und eine deutsche Übersetzung des Kommentars).
DAN Joseph,(ed.), The Age of the Zohar (hebr.), Jerusalem 1989.

DAN Joseph (ed.), Beginning of Jewish Mysticism in medieval Europe (hebr.), Jerusalem 1987.
DAN Joseph, The Kingdom of Samel, in: Ariel, vol. 40, 1976, S.38–43.
DAN Joseph, Samael, Lilith, and the Concept of Evil in Early Kabbalah, in: AJS-Review 5, 1980, S.17–40.
FRIZER-ALEXANDER, T., The Pious Sinner. Ethics and Aesthetics in the Medieval Hasidic Narrative, Tübingen 1991.
GILLER Pinchas, The Enlightened will shine, New York 1993.
GINSBURG Elliot K., The Sabbath in the Classical Kabbalah, New York 1989.
GOODMAN Lenn E. (ed.), Neoplatonism and Jewish Thought, Albany 1992.
GREEN Arthur, Keter, New York 1997.
GRÖZINGER Karl Erich, Theosophie, Historiosophie und Anthroposophie des Kabbalisten Azriel aus Gerona (13.Jh.), in: Frankfurter Judaistische Beiträge 14 (1986).
GRÖZINGER Karl Erich, Joseph Dan (ed.), Mysticism, Magic and Kabbalah in Ashkenazi Judaism, Berlin 1995.
IDEL Moshe, Abraham Abulafia und die mystische Erfahrung, Frankfurt a. M. 1994.
IDEL Moshe, Golem – Jewish Magical and Mystical Traditions on the Artificial Anthropoid, New York 1990.
IDEL Moshe, Kabbala – New Perspectives, Yale 1988.
IDEL Moshe, PERANI Mauro, Nahmanide esegeta e cabbalista, Studi e testi, Firenze (Giuntina) 1998.
IDEL Moshe, OSTOW Mortimer (ed.), Jewish mystical Leaders and Leadership in the 13th Century, Northvale (Aronson) 1998.
IDEL Moshe, Studies in Ecstatic Kabbalah, New York 1988.
JOEL David Heimann, Die Religionsphilosophie des Sohar und ihr Verhältnis zur allgemeinen jüdischen Theologie, Leipzig 1849 (reprint Hildesheim 1977).
LIEBES Yehuda, Studies in the Zohar, New York 1993.
MAIER Johann, Die Kabbalah, München 1995.
SENDOR Mark, The Emergence of Provençal Kabbalah, R. Isaac's the Blind Commentary on Sefer Jezirah, Phil. Diss. Harvard 1994 (enthält eine kommentierte Übersetzung des Kommentars).

SCHOLEM Gershom, Alchemie und Kabbala, in: Judaica 4, S.19–129.
SCHOLEM Gershom, Farben und ihre Symbolik in der jüdischen Überlieferung und Mystik, in: Judaica 3, S.98–152.
SCHOLEM Gershom, Jüdische Mystik in Westeuropa im 12. und 13. Jahrhundert, in: Judaica 3, S.71–98.
SCHOLEM Gershom, Der Name Gottes und die Sprachtheorie der Kabbala, in: Judaica 3, S.7–71.
SCHOLEM Gershom, Über einige Grundbegriffe des Judentums, Frankfurt a.M. 1970.
SCHOLEM Gershom, Ursprung und Anfänge der Kabbala, Berlin 1962.
SCHOLEM Gershom, Von der mystischen Gestalt der Gottheit, Zürich 1962.
SCHOLEM Gershom, Zur Kabbala und ihrer Symbolik, Zürich 1960.
TWERSKY Isadore, Rabad, Phialdelphia 1980.
VAJDA George, Recherches sur la philosophié et la kabbale dans la pensée juive du Moyen Age, Paris / La Haye 1962.
WOLFSON Elliot R. The Tree that is all: Jewish-Christian Roots of a Kabbalistic Symbol in Sefer ha-Bahir, in: Journal of Jewish Thought and Philosophy 3 (1993), S.31–76,

Kabbala in der Renaissance

COOPERMAN B. D. (ed.), Jewish Thought in the Sixteenth Century, Cambridge, Mass.1983.
DE LEON-JONES Karen Silvia, Giordano Bruno and the Kabbalah, Prophets, Magicians, and Rabbis, New Haven 1997.
ELIOR Rachel, Yehuda Liebes (ed.), Lurianic Kabbalah (hebr.), Jerusalem 1992.
FINE Lawrence, The Art of Metoposcopy: A Study in Isaac Luria´s Charismatic Knowledge, in: AJS Review 11 (1986), S.89–101.
IDEL Moshe, „One from a Town, Two from a Clan" – The Diffusion of Lurianic Kabbala and Sabbateanism: A Re-Examination, in: Jewish History, vol. 7, No. 2, 1993, S.79–105.

RUDERMAN David B., Kabbalah, Magic and Science. The Cultural Universe of a Sixteenth-Century Jewish Physician, Cambridge, Mass. 1988.
SACK Bracha, The Kabbalah of Rabbi Moshe Cordovero (hebr.), Beersheva 1995.
TWERSKY Isadore, Bernard Septimus (ed.), Jewish Thought in the Seventeenth Century, Cambridge 1987.
WERBLOWSKY R. J. Zwi, Joseph Karo. Lawyer and Mystic, Philadelphia 1977, hebräische Überarbeitung: Jerusalem 1996.

Sabbatianismus

CARLEBACH Elisheva, The Pursuit of Heresy, New York 1990.
IDEL Moshe, Perceptions of the Kabbalah in the second half of the 18th century, in: Journal of Jewish Thought and Philosophy 1 (1991), S.55–114.
KATZ Jacob, Tradition and Crisis. Jewish Society at the End of the Middle Ages, New York 1993.
LIEBES Yehuda, On Sabbateanism and its Kabbalah, collected Essays (hebr.), Jerusalem 1995.
LIEBES Yehuda, Studies in Jewish Myth and Jewish Messianism, New York 1993.
SAPERSTEIN Marc (ed.), Essential Papers on Messianic Movements and Personalities in Jewish History, New York / London 1992.
SCHACTER Jacob Joseph, Rabbi Jacob Emden: Life and Major Works. Diss., Harvard University 1988.
SCHOLEM Gershom, Erlösung durch Sünde, in: Judaica 5, S.7–117.
SCHOLEM Gershom, The Messianic Idea in Judaism and other Essays on Jewish Spirituality, New York 1971.
SCHOLEM Gershom, Sabbatai Zwi – Der mystische Messias, Frankfurt a.M. 1992
SCHOLEM Gershom, The Sprouting of the Horn of the Son of David. A new source from the beginnings of the Doenme sect in Salonica, in: In the Time of Harvest. Essays in honor of Abba Hillel Silver, New York 1963, S.368–386.

SCHOLEM Gershom, Die Theologie des Sabbatianismus im Lichte Abraham Cardosos, in: Judaica 1, S.119–147.
SHAROT Stephen, Messianism, Mysticism and Magic: A Sociological analysis of Jewish Religious Movements. Chapel Hill, North Carolina 1982.
TISHBY Isaiah, The Customs of Nathan of Gaza, the Letters of R. Moshe Zaccuto, and the taqqanot of R. Hayyim Abulafiya in the Book Hemdat Yamin (hebr.), in: Kiryat Sefer 54 (1979), S.585–610.

Frankismus

BALABAN Majer („Meir"), Zur Geschichte der frankistischen Bewegung (hebr.), zwei Bände, Tel Aviv 1934/35.
BALABAN, Studien und Quellen zur Geschichte der Frankistischen Bewegung in Polen, in: Livre d'hommage à la mémoire du Dr. Samuel Poznanski, Warschau 1927.
DAVIDOWICZ Klaus Samuel, Jakob Frank, der Messias aus dem Ghetto, Frankfurt a. M. 1998.
DOKTÓR Jan, Jakub Frank i jego nauka (poln.), Warschau 1991.
DOKTÓR Jan, Jacob Frank und sein messianisches Reich, in: KAIROS, neue Folge XXXIV/XXXV, Jahrgang 1992/1993, S.218–235.
GRAETZ Heinrich, Frank und die Frankisten, eine Sektengeschichte aus der letzten Hälfte des vorigen Jahrhunderts, Breslau 1868.
RABINOWICZ Oskar K., Jacob Frank in Brno, in: The Jewish Quarterly Review, The Seventy-Fith Anniversary Volume, ed. von A. A. Neumann und S. Zeitlin, Philadelphia 1967, S.429–445.
SCHOLEM Gershom, Du frankisme au jacobinisme. La vie de Moses Dobruška, alias Franz Thomas von Schönfeld, alias Junius Frey, Paris 1981
SCHOLEM Gershom, Die Metamorphose des häretischen Messianismus der Sabbatianer in religiösen Nihilismus im 18. Jahrhundert, in: Judaica 3, S.198–218.
SCHOLEM Gershom, Der Nihilismus als religiöses Phänomen, in Judaica 4, S.129–189.

ZACEK Vaclav, Zwei Beiträge zur Geschichte des Frankismus in den böhmischen Ländern, in: Jahrbuch der Gesellschaft für Geschichte der Juden in der cechoslovak. Republik, hrsg. von Samuel Steinherz, 9. Jahrgang, Prag 1938, S.343–410.

Chassidismus

BARTAL Israel, ELIOR Rachel, SHMERUK Chone (ed.), Hasidism in Poland (hebr.), Jerusalem 1994.
BLOCH Chajim, Die Gemeinde der Chassidim, ihr Werden und ihre Lehre und ihr Treiben, Berlin 1920.
CUNZ Martin, Die Fahrt des Rabbi Nachman von Bratzlaw ins Land Israel (1798–1799), Geschichte, Hermeneutik, Texte, Tübingen 1997.
DAN Joseph, The Teachings of Hassidism, New York 1983.
DUBNOW Simon, Geschichte des Chassidismus, zwei Bände, Berlin 1931.
ELIACH Yaffa, The Russian Dissenting Sects and their Influence on Israel Baal Shem Tov, Founder of Hassidism, in: Proceedings of the American Academy for Jewish Research 36 (1968), S.57–85.
ELIOR Rachel, The Paradoxical Ascent to God. The Kabbalistic Theosophy of Habad Hasidism, New York 1993.
FAIERSTEIN Morris M., Gershom Scholem and Hasidism, in: Journal of Jewish Studies 38 (1987), S.221–233.
FOXBRUNNER Roman A., Habad, the Hasidism of R. Shneur Zalman of Lyady, Northvale 1993.
GREEN Arthur, Tormented Master, Tuscaloosa, Alabama 1979.
GRÖZINGER Karl Erich, Ba'al-Shem oder Ba'al-Hazon, Wunderdoktor oder Charismatiker, zur frühen Legendenbildung um den Stifter des Hasidismus, in: Frankfurter Judaistische Beiträge 6 (1978), S.71–90.
GRÖZINGER Karl Erich, Die hasidischen Erzählungen, ihre Formen und Traditionen, in: Frankfurter Judaistische Beiträge 9 (1981).
GRÖZINGER Karl Erich, Neoplatonisches Denken in Hasidismus und Kabbala, in: Frankfurter Judaistische Beiträge 11 (1983).

HORODESZKY Samuel Aba, Leaders of Hasidism, London 1928.
HORODESZKY Samuel Aba, Religiöse Strömungen im Judentum, unter besonderer Berücksichtigung des Chassidismus, Bern 1920.
HUNDERT Gershon David (ed.), Essential Papers on Hasidism. Origins to Present, New York / London 1991.
IDEL Moshe, Hasidism. Between Ecstasy and Magic, New York 1995.
MAHLER Raphael, Hasidism and the Jewish Enlightenment, Philadelphia 1985.
MAHLER Raphael (ed.), The Struggle Between Haskalah and Hasidism in Galicia in the First Half of the 19th Century, New York 1942.
NADLER Allan, The Faith of the Mithnagdim, Rabbinic Responses to Hasidic Rapture, Baltimore 1997.
RABINOWICZ Harry, A World Apart, The Story of the Chassidim in Britain, Ilford 1995.
RABINOWICZ Tzvi M. (ed.), The Encyclopaedia of Hasidism, Northvale 1996.
RAPOPORT-ALBERT Ada (ed.), Hasidism Reappraised, London 1996.
ROSMAN Moshe J., Founder of Hasidism, a Quest for the historical Ba'al Shem Tov, Berkeley 1996.
SCHATZ-UFFENHEIMER Rivka, Hasidism as Mysticism, Princeton 1993.
SCHOCHET Elijah Judah, The Hasidic Movement and the Gaon of Vilna, Northvale 1994.
STAIMAN Mordechai, Niggun, Northvale 1991.
STEINSALTZ Adin, In the Beginning, Discourses on Chasidic Thought, Northvale 1995.
STEINSALTZ Adin, The Long Shorter Way. Discourses on Chassidic Thought, London 1988.
WEISS Joseph, Studies in Eastern European Jewish Mysticism, Oxford 1985.
WERSES Shmuel, Haskalah and Sabbatianism. The Story of a controversy (hebr.), Jerusalem 1988.
YSANDER Torsten, Studien zum Bestschen Hasidismus, Uppsala 1938.

Kabbala im 19. Jahrhundert

GOODMAN-THAU Eveline (Hrsg.), Kabbala und Romantik, Tübingen 1994.
SCHOLEM Gershom, Die letzten Kabbalisten in Deutschland, in: Judaica 3, S.218–247.

Christliche Kabbala

BETZ Otto, Licht vom unerschaffenen Lichte, die kabbalistische Lehrtafel der Prinzessin Antonia in Bad Teinach, Metzingen 1996.
HERZIG Arno, Schoeps Julius H. (eds.), Reuchlin und die Juden, Sigmaringen 1993.
SCHULITZ John R., Jakob Boehme und die Kabbalah, Bern (Peter Lang) 1993.
WIRSZUBSKI Chaim, Pico della Mirandola's Encounter with Jewish Mysticism, Cambridge, Mass. 1988.

Kabbalaerforschung

BIALE David, Gershom Scholem, Kabbalah and Counter-History, Cambridge, Mass.1982.
BILETZKY I., God, Jew, Satan in the Works of Isaac Bashevis Singer, Lanham 1995.
BLOOM Harold (ed.), Gershom Scholem, New York 1987.
DAN Joseph, Gershom Scholem and the Mystical Dimension of Jewish History, New York 1988.
DAN Joseph, Peter Schäfer, (ed.), Gershom Scholem's Major Trends in Jewish Mysticism 50 Years after, Tübingen 1993.
DAVIDOWICZ Klaus Samuel, Gershom Scholem und Martin Buber – Die Geschichte eines Mißverständnisses, Neukirchen 1995.
GOODMAN-THAU Eveline, SCHMIED-KOWARZIK Wolfdietrich (Hrsg.), Messianismus zwischen Mythos und Macht, jüdisches Denken in der europäischen Geistesgeschichte, Berlin 1994.

MAGID Shaul, Gershom Scholem's Ambivalence toward Mystical Experience and his Critique of Martin Buber in Light of Hans Jonas and Martin Heidegger, in: Journal of Jewish Thought and Philosophy 4 (1995), S.245–269.
MENDES-FLOHR Paul (ed.), Gershom Scholem: The Man and His Work, New York 1994.
SCHÄFER Peter, Gary Smith (eds.), Gershom Scholem, zwischen den Diziplinen, Frankfurt a. M. 1995.
SCHOLEM Gershom, Die Erforschung der Kabbala von Reuchlin bis zur Gegenwart, in: Judaica 3, S.247–264.
SCHOLEM Gershom, Martin Bubers Deutung des Chassidismus, in: Judaica 1, S.165–207.
SCHOLEM Gershom, Die Stellung der Kabbala in der europäischen Geistesgeschichte, in: Judaica 4, S.7–19.
SCHOLEM Gershom, Überlegungen zur Wissenschaft vom Judentum, in: Judaica 6, S.7–53.
SCHOLEM Gershom, Wissenschaft vom Judentum einst und jetzt, in: Judaica 1, S.147–165.

Praktische Kabbala, „Esoterik“

ADDISON Rabbi Howard A., The Enneagram and Kabbalah, reading your Soul, Woodstock (Jewish Lights Publishing) 1988.
ARICA Yigal, Practical Kabbalah (hebr.), Tel Aviv 1998.
DAVIS Avram (ed.), Meditation from the Heart of Judaism, Today's Teachers share their Practices, Techniques, and Faith, Woodstock (Jewish Lights Publishing) 1997.
DROSNIN Michael, Der Bibel Code, München 1997.
EICHENSTEIN Zevi Hirsch, Turn Aside from Evil and Do Good, an Introduction and a Way to the Tree of Life, London 1995.
FIELDING Charles, Die praktische Kabbala, Freiburg 1994.
GONZßLESZ-WIPPLER Migene, Die moderne Kabbala, über die Beziehung zwischen Mensch und Kosmos, Freiburg 1995.

KAPLAN Aryeh, Jewish Meditation, a practical Guide, New York 1985.
NIGAL Gedalyah, Magic, Mysticism, and Hasidism, the Supernatural in Jewish Thought, Northvale 1994.
SCHIMMEL Annemarie, Franz Carl Endres, Das Mysterium der Zahl, Zahlensymbolik im Kulturvergleich, München 1996.
SCHWARTZ Daniel I., Finding Joy, a practical spiritual Guide to Happiness, Woodstock (Jewish Lights Publishing) 1996.

Chassidismus und Kabbala im 20. Jahrhundert

BELCOVE-SHALIN Janet S., New World Hasidism, New York 1995.
FINKEL Avraham Yaakov (ed.), Contemporary Sages, the great chasidic Masters of the Twentieth Century, Northvale 1994.
GRÖZINGER Karl Erich, Kafka und die Kabbala, Frankfurt a. M. 1992.
ISH-SHALOM Benjamin, Abvraham Itzhak HaCohen Kook, New York 1993.
LANGER Georg, Die Erotik der Kabbala, (Prag 1923) München 1989.
LANGER Georg, Nine Gates to the Chasidic Mysteries, Northvale 1993.
SCHINDLER Pesach, Hasidic Responses to the Holocaust in the Light of Hasidic Thought, Hoboken 1990.
SCHNEERSON Menachem Mendel, Toward a Meaningful Life, Tel Aviv 1998.